今日から成年後見人になりました

第2版

司法書士 児島明日美
司法書士 村山　澄江 著

細かなことまで
やさしくわかる
成年後見の本

自由国民社

成年後見人の仕事をする方のためのハンドブックを——。
この本は、私たちのそのような思いから生まれました。

　これから成年後見人になろうとしているあなた、成年後見人に選ばれたあなたは、今、どのような気持ちでいるでしょう。

　責任の大きさに、少し気持ちが重くなっているでしょうか。

　大切な方の役に立てるという使命感に燃えているでしょうか。

　それとも、『裁判所』という存在に、緊張しているでしょうか。

　おそらく多くの方が、これからどのようなことが待ち構えているのか、自分が何をすればよいのかわからず、漠然とした不安を感じているのではないでしょうか。

　司法書士である私たちも、初めて成年後見人に選ばれたとき、同じ気持ちでした。

　「初めて成年後見人になる方のためのハンドブックを作りたい。」

　この本は、私たちのそのような思いから生まれました。場面ごとに何を準備し、どこへ行き、何をどうすればよいのか。成年後見人として何を指針に行動すればよいのか。私たちも初めて成年後見人になったとき、さまざまな壁にぶつかり、業務を進めていく中でわからなかったこと、困ったこともたくさんありました。

　この本は、そのような事例をできるだけピックアップし、なるべく実務上の問題に落とし込み、かゆいところに手が届くような内容を目指しました。この本が少しでも成年後見人としての業務を行っていく方のお役に立つことができれば幸いです。

　令和3年8月吉日

司法書士　児島明日美　　司法書士　村山澄江

2

今日から成年後見人になりました **目次**

| 第1章 | 成年後見制度について知ることがすべての基本です |

成年後見制度を理解しましょう

　家族に認知症の疑いが…。まずはどこに相談すればいいの？
　後見人になるには特別な資格が必要なの？
　後見人にはどのような人がふさわしいの？
　家庭裁判所での面接（受理面接）とは？
　預貯金が多いときに気を付けることは？
　鑑定とは？　鑑定は必ず必要なもの？
　診断書は専門の医師に書いてもらう必要があるの？
　後見・保佐・補助…申立てのときにどれを選べばいいの？
　後見人を辞めたいときは？
　戸籍には載らないと聞いたのですが本当ですか？

市区町村長・検察官が申立てをする場合とは？

本人のために立て替えたお金がたくさんあるのですが、どうすればいいでしょうか？

申立て費用や専門職後見人への報酬を支払うほどの財産が本人にはありません。後見制度は利用できないのでしょうか？

成年後見制度利用支援事業（報酬助成等）とは？

第2章 成年後見人になって、最初にすること

成年後見人の最初のお仕事

成年後見人になって、日常的に行うこと

第3章 **成年後見人の日常のお仕事**

第4章　成年後見人になって、特別なときに行うこと

成年後見人の特別なお仕事

保佐人や補助人が行うこと

第5章　保佐人・補助人のお仕事

第6章 任意後見制度の利用方法
"おひとりさま" の老後

巻頭グラフ

成年後見制度の全体像を大まかに理解しましょう

ひと目でわかる成年後見のこと

　　成年後見制度とはどのようなものなのでしょうか。具体的な手続を確認する前に、まずは全体のイメージを把握しましょう。既に理解されている方は念のため復習しておきましょう。
　　成年後見制度を正しく理解することが、後見人として業務を行っていくうえでの基本となります。

はじめまして　自己紹介

この本で登場する人達を紹介します。

ナビゲーターの司法書士の２人を紹介します。

成年後見制度 詳しくは第1章

そもそも、成年後見制度って？

　認知症や知的障がい、精神障がいなど、判断能力が衰えた方を支援するために定められた国の制度を、『成年後見制度（せいねんこうけんせいど）』といいます。

成年後見制度には、２つの種類があります。

　成年後見制度は、既に判断能力が衰えた方を支援する『法定後見制度（ほうていこうけんせいど）』と、まだ元気なうちに将来の支援者と支援の内容をあらかじめ定めて契約をしておく『任意後見制度（にんいこうけんせいど）』の２つに分かれています。

法定後見制度は、３つの類型に分かれています。

　法定後見制度は、支援が必要な方の判断能力の度合いに応じて、『後見（こうけん）』『保佐（ほさ）』『補助（ほじょ）』の３つの類型に分かれています。

法定後見制度

詳しくは第１〜５章

判断能力が既に衰えた方を支援するのが法定後見制度です。

認知症、知的障がい、精神障がいなどで、既に判断能力が衰えた方を支援するための制度が、**法定後見制度**です。

判断能力とは…

簡単に言うと自分にとって「良いこと、悪いことを適切に判断できる」能力のことです

支援する人を成年後見人・保佐人・補助人といいます。

支援が必要な人を『本人（成年被後見人・被保佐人・被補助人)』支援する人を『成年後見人』『保佐人』『補助人』といいます。

本人

保護・支援

成年後見人

家庭裁判所に申立てを行うことで利用することができます。

法定後見制度を利用するには、家庭裁判所に申立てを行います。

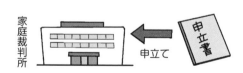

家庭裁判所

申立て

申立書

任意後見制度

詳しくは第6章

まだ元気な方が利用するのが任意後見制度です。

　まだ元気で判断能力も十分にある方が、将来判断能力が衰えたときに備えて、今のうちに将来の支援者や支援内容を決め、支援者と契約をしておくという制度が、**任意後見制度**です。

契約の内容は公証役場と
法務局という国の機関に
記録されます

任意後見契約

支援する人を任意後見人といいます。

　支援が必要な人を『本人』、支援する人を『任意後見人』といいます。

本人　　保護・支援　　任意後見人

利用方法は法律で決められています。

　任意後見制度を利用するには、支援者との間で公正証書（公証役場で締結）によって任意後見契約を締結します。本人の判断能力が低下したら家庭裁判所への申立てによって任意後見監督人が選任されます。これによって任意後見が開始します。

公証役場　登記　法務局

まず公正証書
で契約、法務
局へ登記

判断能力が衰えたら
家庭裁判所に申立て

家庭裁判所が
支援者を監督する
人を定めたら
支援を開始

こんなときに成年後見制度

　実際に成年後見制度の利用が必要になるときというのはどのような場面でしょうか？　実は多くの皆様にとって、意外に身近なものなのです。

　ここで、代表的な事例をいくつか見てみましょう。

　認知症などで判断能力が衰えた方の本人確認や意思確認が必要な局面や、財産を守る必要があるときに、**法定後見制度**が役に立ちます。

　今は元気だけど将来が心配な方には、**任意後見制度**が役に立ちます。

パターン1　　**銀行の手続**　　　　よくある度　☆☆

認知症の母の
定期預金を解約し
たいのですが…

親族

すみません、定期預金の解約は
原則としてご本人様でないと
できません。成年後見人を立てて
いただくようご案内しております。

銀行員

窓口1

　定期預貯金の解約だけではなく、例えば高額の振込など、金融機関での手続が必要になったときで、本人が認知症などにより判断能力がない方の場合は基本的に法定後見制度の利用が求められます。

※令和3年2月、全国銀行協会は、認知症などにより判断能力が低下した高齢者らに代わり親族が引き出すことを、条件付きで限定的に認める見解を発表しています。

パターン2　不動産の売却　よくある度 ☆☆

　判断能力がない方は、単独で不動産の売却手続を進めることができません。法定後見制度を利用して、売却する必要があるのです。

パターン3　遺産分割　よくある度 ☆☆☆

　判断能力のない相続人は、遺産分割の場面で、自身の意思を表示することができません。この場合、本人の代わりに遺産分割に参加してもらうために法定後見制度を利用する必要があるのです。

パターン4　詐欺被害

　高齢者は詐欺のターゲットにされやすいです。法定後見制度を利用することで、悪質な詐欺による被害を防止することができます。

パターン5　年金の使い込み

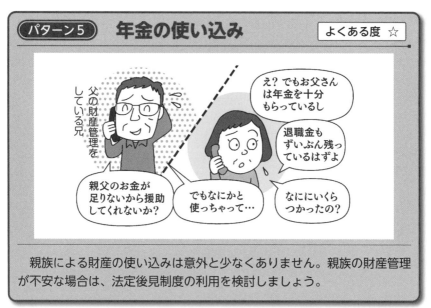

　親族による財産の使い込みは意外と少なくありません。親族の財産管理が不安な場合は、法定後見制度の利用を検討しましょう。

パターン6　障がいを持つ子がいるとき　よくある度 ☆

　認知症の方や高齢者だけでなく、知的障がいや精神障がいを持つ若い方にも法定後見制度は利用されています。

パターン7　将来への不安　よくある度 ☆☆

　人はいつ認知症等になって判断能力が衰えるかわかりません。安心した老後を迎えるために、任意後見制度を賢く利用するというのもひとつの選択肢です。

後見人のお仕事

大きく分けて2つの仕事があります。

　後見人のお仕事は、大きく**財産管理**と**身上監護**（しんじょうかんご）の2つに分けられます。

財産のこと　　　どちらも大切！　　　生活のこと

【財産管理】本人のために適切な財産管理を行います。

　本人のために支払いをしたり、収入を受け取ったり、財産の管理を行います。収入や支出は通帳や現金出納帳で漏れの無いように管理します。

【身上監護】本人にとって良い環境であるように配慮します。

　本人に必要な介護契約を結んだり、適切な施設への入所契約を結んだりします。施設に限らず、本人が適切な環境で生活ができるよう、常に配慮し、支援をすることが後見人には求められます。

誰が後見人に就任するの？

　後見人には、専門家でなくても就任することができます。

　裁判所の統計によると、令和2年に後見人等に就任した方のうち、全体の約5分の1の方が親族後見人になっております。

　平成31年3月、最高裁判所が成年後見人には親族が就任することが望ましいとの考え方を発表したことにより、今後親族後見人の割合は増えていくものと思われます。

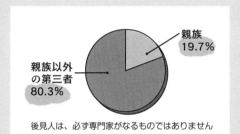

親族
19.7%

親族以外
の第三者
80.3%

後見人は、必ず専門家がなるものではありません

後見人に向いている人は？

　後見人には本人を保護・支援するために大きな権限が与えられます。また、とても責任が重く、細かな作業が求められます。

　一般的に、このような方が後見人に向いています。

---

①細かな作業が得意である。　③お金に対して几帳面な性格である。

②ある程度時間に余裕がある。　④責任感が強い。

　後見人のお仕事は一度はじまると原則として本人が亡くなるまで続く、責任重大なものです。後見人になろうと思っている方は、ご自身の適性・性格も考慮に入れて検討しましょう。

主な後見人のお仕事一覧

後見人の業務は、就任当初に行うお仕事、日常のお仕事、特別なお仕事の3つに分けられます。全体のイメージを確認しましょう。

最初のお仕事	財産調査	財産の調査を行います	P 49
	収支計画の作成	年間の収支計画を立てます	P 60
	裁判所への初回報告	財産や収支計画などに関して報告します	P 64
	生活費の確保	当面の生活費を確保します	P 66
	各種届出	金融機関や役所に届出をします	P 67
日常のお仕事	財産管理	日常の財産管理を行います	P 80
	預貯金	口座の管理をします	P 83
	現金	現金の管理をします	P 85
	身上監護	適切な生活環境を整えます	P 94
	医療・介護	医療や介護の手配をします	P 97〜99
	居所・施設	居住環境を整えます	P 100
	裁判所への定期報告	裁判所へ業務の報告をします	P 102
特別なお仕事	施設への入所	適切な施設への入所契約をします	P 120
	遺産分割協議への参加	特別代理人選任申立てが必要な場合もあります	P 132〜
	不動産の売却・賃貸・リフォーム	居住用不動産の処分許可の申立てが必要な場合もあります	P 143〜
	確定申告	必要に応じて本人の確定申告を行います	P 154
	法律行為の取り消し	本人のした法律行為を取り消すことができます	P 155
	登記事項の変更	変更の登記が必要になります	P 157
	本人の死亡	死亡をもって後見は終了します	P 160

ひと目でわかる！ 成年後見用語集

成年後見制度に関する用語をまとめてみました。

本人	成年後見制度の支援を受ける者。成年被後見人、被保佐人、被補助人。任意後見契約における委任者。
成年被後見人	認知症や精神疾患、障がいなどで判断能力を欠く者。
被保佐人	認知症や精神疾患、障がいなどで判断能力が著しく衰えた者。
被補助人	認知症や精神疾患、障がいなどで判断能力が不十分な者。
後見人等	本人を支援する者。成年後見人、保佐人、補助人、任意後見人。
成年後見人	家庭裁判所が選任する成年被後見人を支援する者。
保佐人	家庭裁判所が選任する被保佐人を支援する者。
補助人	家庭裁判所が選任する被補助人を支援する者。
監督人	家庭裁判所が選任する後見人等の業務を監督する立場の者。後見監督人・保佐監督人・補助監督人・任意後見監督人。
意思能力	有効に意思表示をする能力。
行為能力	単独で完全に有効な法律行為ができる能力。成年被後見人、被保佐人、被補助人は制限行為能力者とされている。
同意権	本人の行う法律行為に対して、同意をする権限。
代理権	本人の代理をする権限。
特別代理人	本人と後見人等の利害が対立する場合に、家庭裁判所が選任する本人の代理人。
取消権	本人のした法律行為を取り消す権限。
鑑定	医師による本人の判断能力の調査。
後見登記事項証明書	後見制度に関する証明書。本人や後見人等に関する情報が記載されており、法務局で取得することができる。

はじまり

えっ
お母さんが
倒れた!?

父亡き後、
実家で一人暮らしを
していた母が倒れ、
入院することに
なりました

えーと、
あなたはいとこの
みさちゃん？

お母さん？
私よ！

そして母は
認知症を発症

手術が必要で
治療費もかかるので、
母の定期預金を
解約することに

お客さま

はい

すみません、解約は
原則としてできません※
先々のことまで考えますと、
成年後見人を立てることを
おすすめします

えっ？

成年後見人
ってなに!?

※令和3年2月、全国銀行協会は、認知症などにより判断能力が低下した高齢者らに代わり親族が
　引き出すことを、条件付きで限定的に認める見解を発表しています。

第**1**章

成年後見制度について知ることがすべての基本です

成年後見制度を理解しましょう

　　まずは成年後見制度の概要から後見
人選任申立ての手続について簡単に確
認します。
　　成年後見制度とは具体的にどのよう
な制度で、どのような場合にどのよう
な手続によって成年後見人は選任され
るのでしょうか。
　　すべてはここからはじまりますの
で、正しく理解しましょう。

① 成年後見制度の基本を確認しよう

　成年後見制度とは、認知症などで判断能力が衰えた方を保護・支援する制度です。家庭裁判所の監督のもと、支援者（成年後見人等）が、本人（成年被後見人等）に代わって財産を管理したり、契約を結んだりします。

成年後見制度の種類（法定後見・任意後見）

　成年後見制度は大きく法定後見と任意後見の2種類に分けられます。

　法定後見はさらに、判断能力の程度に応じて、後見・保佐・補助の3種類に分けられます。　後見 第2〜4章　保佐・補助 第5章

👍 ちょっと確認　判断能力が衰えるってどういうこと？

　自分が置かれた状況を正しく認識し、適切な判断を下すことが難しい状態のことをいいます。

　代表的な例は認知症の方です。判断能力の程度によって、後見制度による保護・支援の度合いが変わってきます。

①法定後見…既に判断能力が衰えた方のための制度

　認知症や知的障がい、精神障がいなどにより判断能力が衰えた方々は、日々の生活においてさまざまな問題に直面します。預貯金や不動産など自分自身の財産を自分で管理することが難しかったり、介護や福祉のサービスが必要な状態であっても自分で適切な契約ができなかったりするからです。また、そのような方をターゲットにした詐欺や悪徳商法に巻き込まれてしまう可能性もあります。

　このように既に判断能力が衰えてしまった方・不十分な方を保護し、支援するのが**法定後見**という制度です。　詳しくは第2〜5章

②任意後見…将来、判断能力が衰えたときに備えるための制度

　今現在どんなに元気であっても、将来、判断能力が衰えてしまう可能性はゼロではありません。そこで、自身が元気なうちに、もし判断能力が不十分になってしまったときにどうしたいか、また、どうしてもらいたいかをあらかじめ契約で定めておくのが**任意後見**という制度です。本人の意思・方針に基づいて、生活や療養看護、財産管理などについて、適切な保護・支援を行うことができます。

詳しくは第6章

　成年後見制度を利用して保護・支援を受ける方のことを、この本では「本人」といいます。支援する方のことを便宜上、「後見人」と表記することがあります。

法定後見には３段階あります

　判断能力が不十分といっても、その程度はさまざまです。法定後見制度は、本人の状況に応じて３つの類型を用意しています。

　類型に応じて、本人を保護・支援するために家庭裁判所で選ばれた者（**成年後見人・保佐人・補助人**）が、本人の利益を常に考えながら、本人を代理して契約などの法律行為をしたり、本人が自分で法律行為をするときに同意をしたり、本人が同意を得ないで行った不利益な法律行為を取り消したりすることによって、本人を保護・支援します。

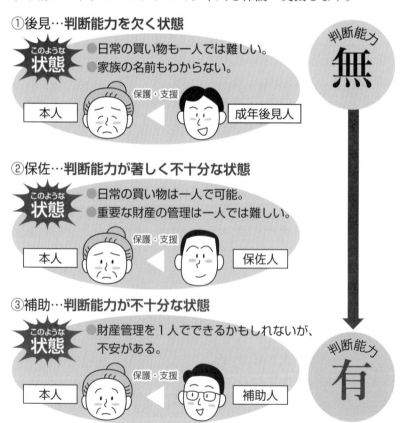

①後見…**判断能力を欠く状態**

このような **状態**
●日常の買い物も一人では難しい。
●家族の名前もわからない。

本人　　保護・支援　　成年後見人

②保佐…**判断能力が著しく不十分な状態**

このような **状態**
●日常の買い物は一人で可能。
●重要な財産の管理は一人では難しい。

本人　　保護・支援　　保佐人

③補助…**判断能力が不十分な状態**

このような **状態**
●財産管理を１人でできるかもしれないが、不安がある。

本人　　保護・支援　　補助人

判断能力 **無**

判断能力 **有**

後見人が行うこと

　後見人が行う仕事には、大きく分けて「**財産管理**」と「**身上監護**」があります。　詳しくは第3章

　財産管理とは、例えば、預貯金や現金、不動産などの本人の財産の維持・管理や、年金の受領、光熱費や施設利用料、入院費の支払いなどの本人の日常の生活費の管理を行うことをいいます。　詳しくは P80

　身上監護とは、例えば、本人を施設に入所させるための手続や病院の受診、介護契約の締結など、本人の生活や療養看護に関する支援・サポートを行うことをいいます。　詳しくは P94

第1章

【成年後見制度の基本的な理念を理解しよう】

自己決定権の尊重

本人に残っている意思や能力（残存能力）は最大限活用し、その意思や能力を尊重しましょうという考え方

身上配慮義務

保護・支援する者は、本人の心身の状態及び生活の状況に配慮する義務があるという考え方

支援

特別扱いをしない（ノーマライゼーション）

高齢者や障がいを持つ者も区別されることなく、他の人々と同じように普通の生活ができる社会が正常であるという考え方

　後見人は、これらの理念を常に念頭に置きながら、本人の財産管理や身上監護を行います。

② 法定後見制度の利用方法を確認しよう

法定後見制度を利用したい場合は、管轄の家庭裁判所に**成年後見人等選任申立て**を行う必要があります。申立ての際には、本人を保護・支援する後見人等の候補者を立てることができます。

申立てをする家庭裁判所、申立てができる人は法律で定められていて、申立ての際にはさまざまな書類を用意する必要があります。

必要な書類 P 30

一般的な申立ての流れ

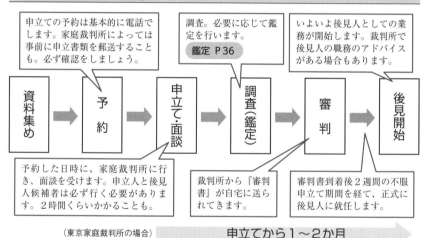

申立ての予約は基本的に電話でします。家庭裁判所によっては事前に申立書類を郵送することも。必ず確認をしましょう。

調査。必要に応じて鑑定を行います。
鑑定 P 36

いよいよ後見人としての業務が開始します。裁判所で後見人の職務のアドバイスがある場合もあります。

| 資料集め | → | 予約 | → | 申立て・面談 | → | 調査（鑑定） | → | 審判 | → | 後見開始 |

予約した日時に、家庭裁判所に行き、面談を受けます。申立人と後見人候補者は必ず行く必要があります。2時間くらいかかることも。

裁判所から『審判書』が自宅に送られてきます。

審判書到着後2週間の不服申立て期間を経て、正式に後見人に就任します。

（東京家庭裁判所の場合）　申立てから1〜2か月

申立てをする家庭裁判所

申立ては、原則として、保護・支援を必要とする本人の住民票上の住所地を管轄する家庭裁判所に行います。東京23区にお住まいの方は東京家庭裁判所、立川市や八王子市にお住まいの方は東京家庭裁判所立川支部、横浜市にお住まいの方は横浜家庭裁判所、といったように管轄は定められています。具体的な管轄は、裁判所のホームページなどで確認できます。必ず申立ての前に確認しておきましょう。

申立てができる人

　成年後見人等選任申立ては誰でもできるわけではなく、法律によって申立てをすることができる人が決められています。

> ### ■成年後見人等選任申立てができる人一覧
> 　本人、配偶者、４親等内の親族
> 　未成年後見人、未成年後見監督人、成年後見人、成年後見監督人、保佐人、保佐監督人、補助人、補助監督人、任意後見人、任意後見受任者、任意後見監督人、検察官、市区町村長 参照 P 38

ちょっと確認 　**４親等内の親族の範囲とは？**

　４親等内の親族には、子や孫はもちろんですが、本人から見ておじ・おば、いとこ、甥・姪も含まれます。

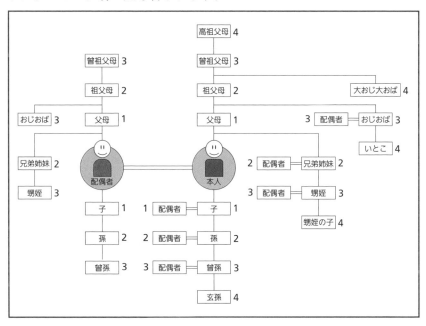

申立てに必要な書類

申立てには一般的に以下の書類が必要です。各家庭裁判所のウェブサイトからダウンロードできるほか、ひな型をもらうこともできますので、具体的な必要書類については申立てを行う家庭裁判所で確認するようにしましょう。

■**主な必要書類一覧**（東京家庭裁判所の場合）

書類の種類	取得場所	備　考
申立書	記入が必要な書類については、管轄の家庭裁判所またはホームページで所定のひな型を入手	申立人が記入・作成。
申立事情説明書		
財産目録・資料		
収支予定表・資料		
親族関係図	東京家庭裁判所後見サイト https://www.courts.go.jp/tokyo-f/saiban/kokensite/	
候補者事情説明書		後見人候補者が記入・作成。
親族の意見書		親族が記入・作成。
診断書・診断書付票		医師（かかりつけの医師で可）が記入・作成。 P36 （3か月以内のもの）
本人情報シート		福祉関係者が記入・作成
戸籍謄本	本籍地の市区町村役場	本人のもの（発行後3か月以内）。
住民票の写しまたは戸籍の附票（マイナンバーの記載のないもの）	住所地・本籍地の市区町村役場	本人及び候補者のもの（発行後3か月以内）。
登記されていないことの証明書	法務局（郵送で取得したい場合は、東京法務局）	本人のもの（発行後3か月以内）。
愛の手帳コピー（知的障がいの場合）	本人	交付を受けている場合は準備。

申立てに必要な費用

　申立てには費用がかかります。申立てにかかる費用は原則として申立てを行う者の負担ですが、申立ての際に希望することで本人の負担とすることができる場合があります。ただし、その場合でも、申立書類作成等を専門家に依頼した場合の専門家への報酬は本人の負担ではなく、申立人の負担になる点は注意が必要です。

■後見申立てにかかる主な費用（東京家庭裁判所の場合）〈令和3年7月現在〉

申立費用（収入印紙）※1	800円
登記費用（収入印紙）	2,600円
郵便切手※2	3,270円
鑑定費用 （鑑定が必要か否かは裁判所が判断）	5万～10万円程度 鑑定とは P36
司法書士など専門家の報酬 （依頼した場合のみ）	専門家により異なる

※1　保佐・補助の申立てでは別途800円または1,600円かかる場合があります。
※2　保佐・補助の場合は4,210円。

ちょっと確認　収入印紙はどこで買う？

　収入印紙は郵便局で販売しています。また、家庭裁判所のある建物内や近くに、申立てに必要な収入印紙と切手を販売している場所（収入印紙売場・郵便局など）があることが多いです。

　「裁判所」と聞くと何となく近寄りがたい感じがしますが、家庭裁判所は怖い場所ではありません。申立ての手続でわからないことなどについては、相談窓口で相談することもできます。不明な点は積極的に確認するようにしましょう。

Q1 家族に認知症の疑いが…。まずはどこに相談すればいいの?

A1 相談窓口は市区町村役場以外にもたくさんあります。

例えば、①社会福祉協議会、②地域包括支援センター、③障害者自立支援協議会、④公益社団法人成年後見センター・リーガルサポート、⑤弁護士会、⑥社会福祉士会などです。また、都道府県によっては、成年後見制度推進機関が各地に設置されております。それぞれの機関で、無料相談会やセミナーを開催していることもあります。まずは相談しやすいところに相談するとよいでしょう。

ちょっと確認　さまざまな相談機関について

それぞれの機関について、簡単にどのようなところか確認しましょう。

①社会福祉協議会

社会福祉活動を推進することを目的とした、営利を目的としない民間組織です。行政と協力してさまざまな福祉相談に応じています。

②地域包括支援センター

介護保険法で定められた、地域住民の保健・医療の向上、福祉の増進、虐待防止、介護予防ケアマネジメントなどを総合的に行う機関です。各市区町村に複数設置されており、身近な相談窓口です。

③障害者自立支援協議会

障がいを持つ方が自立した地域生活を送れるような体制づくりのために地域に設置されています。障がい者を対象とした相談窓口となります。障がいによって成年後見制度を利用する方が適切なアドバイスを受けることができます。

④公益社団法人成年後見センター・リーガルサポート

　司法書士で構成されている成年後見分野専門の団体です。全国各地に支部があります。定期的に研修を行い、会員は自己研鑽に努めています。

⑤弁護士会

　弁護士で構成される団体です。全国各地の弁護士会に、高齢者・障がい者のための支援センターも設置されています。

⑥社会福祉士会

　社会福祉士で構成される団体です。各地の社会福祉士会に成年後見センター「ぱあとなあ」を組織し、成年後見の相談に応じています。

Q2 **後見人になるには特別な資格が必要なの？**

A2 後見人になることについて、特別な資格は必要ありません。弁護士や司法書士などではなく、親族も後見人になることができます。実際に、全体の約19.7％は親族が後見人・保佐人・補助人に選任されています（※令和2.1～2.12成年後見関係事件の概況：裁判所）。また、今後、後見人に立候補した親族が選任される案件数は増えていくと考えられています（ P 19 ）。ただし、次の者は後見人・保佐人・補助人にはなれません。

【後見人・保佐人・補助人になることができない者（民法847条）】

　①未成年者

　②法定代理人（後見人もここに含まれます）、保佐人または補助人の地位を家庭裁判所から解任されてしまった者

　③破産して復権を得ない者

　④本人に対して訴訟をし、またはした者ならびにその配偶者及び直系血族

　⑤行方の知れない者

Q3 後見人にはどのような人がふさわしいの？

A3 実際に身の回りのお世話などをしている親族がいればその方が後見人候補者になることが適任であることが多いでしょう。候補者として適当な方がいない場合、信頼できる第三者に後見人になってもらうという方法があります。申立書には候補者を記入する欄がありますが、候補者が見当たらない場合は「家庭裁判所に一任する」と書いて提出すれば、近所の専門家（弁護士、司法書士など）を選んでもらうことができます（東京家庭裁判所の場合）。

ちょっと確認　候補者は必ず後見人になることができるの？

　後見人になることができる者には、未成年者など民法で「欠格事由」とされる場合を除いて制限はありませんが、申立書に候補者として記載した者が実際にそのまま選ばれるかどうかというのはまた別の問題です。後々トラブルになりそうなケースや、財産管理が複雑で専門的な知識を要するケースなど、家庭裁判所の判断により、弁護士や司法書士などの専門職後見人が選任されることもあります。

　また、候補者が後見人に選任されても、場合によっては、後見制度支援信託・預貯金（ P111 ）の利用を促されたり、後見人を監督する後見監督人が選ばれることもあります。　後見監督人 P115

　後見監督人は、弁護士や司法書士、社会福祉士などの専門家が選ばれることが一般的です。

Q4 家庭裁判所での面接（受理面接）とは？

A4 親族を候補者とした場合、申立て後、家庭裁判所で面接（受理面接）が行われます。提出した資料と受理面接を踏まえて、候補者が後見人としてふさわしいかどうか、家庭裁判所が判断をします。

受理面接には申立人と後見人候補者、保佐や補助の場合などで本人も行ける場合は本人も行きます。

受理面接では、なぜ申立てをすることにしたのか、どんな経緯があったのかなど、本人の状況について聞かれたり、後見人候補者については、今後どのように後見人としてご本人の財産やお体を守っていくのかなどについて聞かれます。今までの介護の状況やお金の管理方法の理解など、後見人としてふさわしいかどうか、という点もチェックされます。

面接の時間は裁判所によりますが、1時間程度です。

Q5 預貯金が多いときに気を付けることは？

A5 一般的に、流動資産（不動産以外の資産）が一定の金額（東京家庭裁判所では1,000万円）を超えるような場合は、受理面接の際に、後見制度支援信託・後見制度支援預貯金を利用する方法を案内されます。面接の際には、案内された後の回答も決めておくといいでしょう。後見制度支援信託・後見制度支援預貯金の利用は強制されるわけではありませんが、断った場合は後見監督人が裁判所の判断で選任される場合があります。

後見制度支援信託・預貯金 P111　　後見監督人 P115

Q6 鑑定とは？　鑑定は必ず必要なもの？

A6 　成年後見の手続における**鑑定**とは、本人の判断能力がどの程度なのか、医学的に判定することをいいます。後見等開始の審判をするには鑑定を行うのが原則ですが、申立ての際に提出した診断書の記載等から本人の精神の状況について後見開始相当であることが明らかであるときは、鑑定を要しないとされています。

　鑑定を行うべきと判断された場合は、医師へ支払う鑑定費用をあらかじめ家庭裁判所へ納めなければなりません。鑑定にかかる金額は5万〜10万円程度とされています。（なお、診断書の付票に鑑定が必要になった場合の引き受けの可否や、鑑定料について記入する項目があり、もし鑑定が必要になり、診断書を作成した医師が鑑定を引き受ける場合は、原則、ここに記載された金額でその医師の鑑定を受ける形になります（令和2年1〜12月は鑑定費用5万円以下が全体の約53.9％））。鑑定が実施されると、その分だけ審判までの時間が通常よりもかかることになります。

Q7 診断書は専門の医師に書いてもらう必要があるの？

A7 　診断書は必ずしも精神科など専門の医師に書いてもらう必要はありません。本人の精神の状況を把握しているかかりつけの医師がいる場合は、その先生に書いてもらう形でも問題ありません（内科医等）。診断書の作成を依頼する際は、本人を支援されている福祉関係者の方に記入作成してもらった「本人情報シート」を提供するとよいでしょう。　参考 P30

Q8 後見・保佐・補助…申立てのときにどれを選べばいいの？

A8 後見・保佐・補助のうち、申立てのときにどれを選択すべきなのでしょうか。この点については、基本的に申立てを行う人の判断で決めるのではありません。原則として、医師の診断書に記載される「判断能力についての意見」を基準に選択します。

Q9 後見人を辞めたいときは？

A9 いったん後見人になったら自由に辞めることはできません。ただし、病気や遠方への引越しなど、後見人を続けられない事情や辞めることについて正当な理由がある場合は、家庭裁判所の許可を得て辞任することができます。しかし、後見人が辞任しても、本人を保護・支援しなければならない状況に変わりはないため、後任の後見人選任申立ても行う必要があります。

病気や死亡の場合 P165

 ちょっと確認 成年後見人・保佐人・補助人の業務の違いは？

　保佐人と補助人の業務については第5章で触れますが、成年後見人に比べると少しわかりにくいかもしれません。保佐相当、補助相当と判断された場合は、本人にある程度判断能力が残っているということです。したがって、成年後見人に比べ、本人が行うことができる法律行為の範囲が広く、本人を保護・支援する保佐人や補助人の行為は制限されます。保佐人や補助人の職務については、成年後見人の職務と比較しながら確認するとわかりやすいでしょう。　保佐人・補助人 第5章

Q10 戸籍には載らないと聞いたのですが本当ですか？

A10 戸籍には後見制度を利用している旨は記載されません。その代わりに、法務局で後見に関する登記がされます。登記されていることは後見登記事項証明書を取得することで確認ができ、この登記が後見に関する証明になります。なお、後見登記事項証明書は、誰でも取得できるわけではなく、後見人など一部の者しか取得ができないようになっています。　後見登記事項証明書　P45

Q11 市区町村長・検察官が申立てをする場合とは？

A11 申立てができる人がいないときや、いても協力が得られないときなどには、検察官や市区町村長が申立てを行うことがあります。（令和2年1月～12月では、市区町村長申立てが8,822件、検察官による申立てが0件。）

ちょっと発展　　以前は戸籍に載っていた？

　昔は、判断能力の衰えている方に関して禁治産・準禁治産という制度がありました。これは現在の成年後見制度とは内容も大きく異なり、戸籍にもそれぞれその旨が記載されるものでした。では、この制度を利用していた方の戸籍の記載はどうなるのでしょうか。実は、戸籍の記載が自動的に消されるわけではありません。戸籍から記載を消したい場合は、本人、配偶者、4親等内の親族、成年後見人等から、戸籍から登記への移行の登記を申請する必要があります。この登記がされると、東京法務局の登記官から本人の本籍地の市町村長へ通知がされ、禁治産及び準禁治産の記載のない新しい戸籍がつくられることになるのです。

Q12 本人のために立て替えたお金がたくさんあるのですが、どうすればいいでしょうか？

A12 後見人が選任された後、精算することができます。
申立ての際、現時点でいくら立替金があるのかを明記しておきましょう。領収書などの資料があるとスムーズですので、立て替えた場合は領収書やメモをきちんと残しておきましょう。

Q13 申立費用や専門職後見人への報酬を支払うほどの財産が本人にはありません。後見制度は利用できないのでしょうか？

A13 収入や資産等の状況から、成年後見制度の申立費用や後見人等に対する報酬を負担することが困難な方に対する助成があります。代表的なものでは、各自治体の成年後見制度利用支援事業（報酬助成等）や、公益社団法人成年後見センター・リーガルサポートが設けている「公益信託 成年後見助成基金」があります。本人の財産状況が心配な方は、地域の相談窓口（ P32 ）で、助成制度の有無やその内容、利用の可否について相談してみましょう。

Q14 成年後見制度利用支援事業（報酬助成等）とは？

A14 地域の任意事業である「地域支援事業（高齢者）」と、必須事業である「市町村地域生活支援事業（障害者）」があります。それぞれに要件があり、要件を満たした者は、成年後見制度の利用に必要な費用のうち、申立てに要する経費（登記費用や鑑定費用等）や後見人等への報酬等の全部または一部の助成を受けることができます。なお、申立てを専門家に依頼したときの専門家に支払う報酬は助成の対象にはなりませんので注意が必要です。

成年後見人になりました

成年後見人について
たくさん勉強をしました

プルルル…

親族でも
成年後見人に
なれるのね

竹子
お母さんは
どうだ？

ああ、
お兄ちゃん

身体は
回復してるけど
認知症の
ほうが…

そうか…

それでね、私が
成年後見人に
立候補しようと思うの

へえ

昔から努力家
だったからな
応援
するよ

がんばるわ！

たくさんの書類を
そろえ無事に
申立てを終え

そして今日
家庭裁判所から

書類が届いた！

私は成年後見人に
なりました！

第2章

成年後見人になって、最初にすること

成年後見人の最初のお仕事

　家庭裁判所から審判書が届きました。さあ、いよいよ成年後見人としての仕事のはじまりです。

　後見登記事項証明書の取得から財産調査、家庭裁判所への初回報告、金融機関への届出など、行うべきことがたくさんあります。

　この章では、成年後見人に就任してまず最初に行うことを一つずつ確認していきます。

業務開始から終了までのイメージ

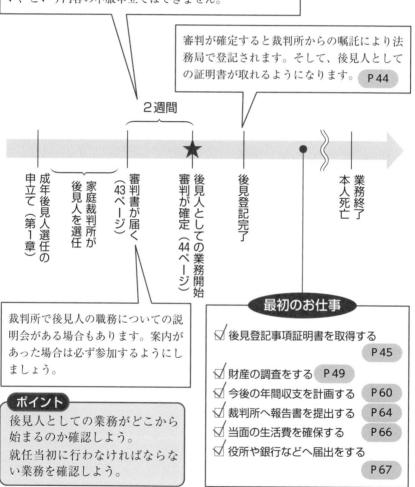

この2週間は、本人には後見人が不要だと不服申立てを行うことができる期間です。後見人を別の者に変更してほしい、という内容の不服申立てはできません。

審判が確定すると裁判所からの嘱託により法務局で登記されます。そして、後見人としての証明書が取れるようになります。 P44

2週間

★

成年後見人選任の申立て（第1章）

家庭裁判所が後見人を選任

審判書が届く（43ページ）

後見人としての業務開始審判が確定（44ページ）

後見登記完了

本人死亡

業務終了

裁判所で後見人の職務についての説明会がある場合もあります。案内があった場合は必ず参加するようにしましょう。

ポイント

後見人としての業務がどこから始まるのか確認しよう。
就任当初に行わなければならない業務を確認しよう。

最初のお仕事

☑ 後見登記事項証明書を取得する
　　　　　　　　　　　　　　 P45

☑ 財産の調査をする　P49

☑ 今後の年間収支を計画する　　P60

☑ 裁判所へ報告書を提出する　　P64

☑ 当面の生活費を確保する　　　P66

☑ 役所や銀行などへ届出をする
　　　　　　　　　　　　　　 P67

後見開始の**審判**がなされると、申立てをした家庭裁判所から、本人、申立人、後見人に選任される方などに対して**審判書**が発送されます。後見人に選任される方がこの審判書を受け取った日から**2週間**を経過すると審判が**確定**します。　2週間で確定とは P73

■後見開始・後見人選任審判書サンプル

第2章

令和2年（家）第12345号　後見開始の審判申立事件

『令和　年（家）　号』というのは、**事件番号**といいます。後見人の仕事について家庭裁判所に問合せをするときは、この事件番号を伝えます。

審　　　判

住　　　　所　東京都新宿区四谷七丁目7番7号

　　　　　　　申　立　人　　　近藤竹子

本　　　　籍　東京都新宿区神楽坂七丁目7番地

住　　　　所　東京都新宿区神楽坂七丁目7番7号

　　　　　　　本　　人　　　山田松子

　　　　　　　　　　　昭和15年7月7日　生

本件について、当裁判所は、その申立てを相当と認め、次のとおり審判する。

主　　文

1　本人について後見を開始する。

2　本人の成年後見人として申立人を選任する。

　　　　　　　令和2年8月20日

　　　　　　　東京家庭裁判所家事第1部

　　　　　　　家事審判官　　○○○○

審判書が届いても、正式に後見人に就任するのは審判が確定（届いてから2週間経過）してから、という点に注意が必要です。

これは謄本である。前同日同庁　裁判所書記官　○○○○

裁判所書記官之印

審判が確定したら

　後見人が審判書を受け取った日から2週間が経過して審判が確定すると、家庭裁判所の嘱託により法務局に登記がされます。登記がされると家庭裁判所からその旨の通知書が届くことが一般的です。通知書が届いたら法務局で後見登記事項証明書を取得しましょう。

証明書取得前にできること P75

■登記番号通知書サンプル（東京家庭裁判所）

事件番号　令和2年（家）第12345号　　（ご本人　山田松子　様）

登記番号通知書

成年後見人
　近藤竹子　様

　　　　　　　　　令和2年9月20日
　　　　　　　　　東京都千代田区霞が関1−1−2
　　　　　　　　　東京家庭裁判所
　　　　　　　　　　裁判所書記官　○○○○
　　　　　　　　　　電話番号　03-○○○○-○○○○　
　　　　　　　　　　FAX番号　03-○○○○-○○○○

頭書事件について、下記のとおり登記がなされましたのでお知らせします。

記

　　　　　登記年月日　令和2年9月16日
　　　　　登記番号　第2020　−　1234　号

> ここに、登記番号が記載されています。この番号を控えておくと後見登記事項証明書取得の際に便利です。

44

③ 後見登記事項証明書を取得しよう

　後見登記事項証明書には、成年後見に関する情報が記載されています。この後見登記事項証明書が成年後見に関する公的な証明書になります。金融機関との各種取引や、不動産の売買契約、介護サービス利用契約など、成年後見人として行うほぼすべての手続において、この後見登記事項証明書が必要になります。

後見登記事項証明書の取得方法

　東京法務局の後見登録課の窓口、全国の法務局・地方法務局（支局・出張所は不可）の戸籍課の窓口で取得できます。 法務局一覧 P48

　申請書は各法務局・地方法務局に備え置かれているほか、法務省のホームページからもダウンロードできます。郵送での請求もできますので、法務局が自宅から遠い場合は郵送請求が便利です。なお、郵送請求の場合、取り扱いはすべて東京法務局になり、返送までに少し時間がかかります。また、請求の際には本人確認書類として運転免許証などの身分証明書（郵送の場合はコピー）を用意しましょう。

郵送請求の場合の申請書送付先（全国共通）

〒102-8226　東京都千代田区九段南１－１－15
　　　　　　　九段第２合同庁舎４階
　　　　　　　東京法務局民事行政部後見登録課

　後見登記事項証明書の手数料は収入印紙で納付します。金額は１通550円です（令和３年７月現在）。また、請求の際には本人確認書類として運転免許証などの身分証明書（郵送の場合はコピー）を用意しましょう。

■後見登記事項証明申請書サンプル

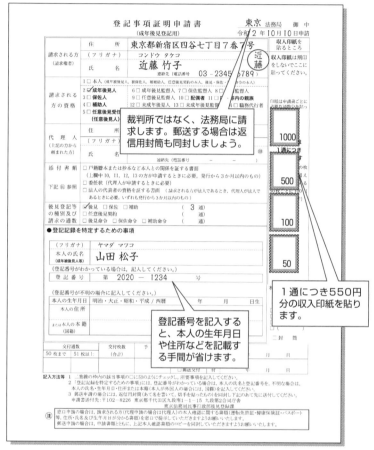

裁判所ではなく、法務局に請求します。郵送する場合は返信用封筒も同封しましょう。

1通につき550円分の収入印紙を貼ります。

登記番号を記入すると、本人の生年月日や住所などを記載する手間が省けます。

　後見登記事項証明書は、就任当初は特に何度も使用することになるので、後見人個人の印鑑証明書とともにセットで各3通くらいとっておくと便利です。個人の印鑑証明書は市区町村役場で取得しましょう。

46

登記事項証明書

後　見

後見開始の裁判

　【裁判所】東京家庭裁判所

　【事件の表示】令和 2 年（家）第　12345　号

　【裁判の確定日】令和 2 年 9 月 9 日

　【登記年月日】令和 2 年 9 月16日

　【登記番号】第　2020－1234　号

成年被後見人

　【氏名】山田松子

　【生年月日】昭和15年 7 月 7 日

　【住所】東京都新宿区神楽坂七丁目 7 番 7 号

　【本籍】東京都新宿区神楽坂七丁目 7 番地

成年後見人

　【氏名】近藤竹子

　【住所】東京都新宿区四谷七丁目 7 番 7 号

　【選任の裁判確定日】令和 2 年 9 月 9 日

　【登記年月日】令和 2 年 9 月16日

上記のとおり後見登記等ファイルに記録されていることを証明する。

　　　令和 2 年10月10日

　　　　　東京法務局　登記官　法務太郎　　印

　　　　［証明書番号］　　　　 －　　 －　　（ 1 / 1 ）

第
2
章

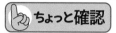

ちょっと確認　　**法務局一覧**　成年後見登記に関する登記事項証明書・登記されていないことの証明書についての問い合わせ先一覧

　後見登記事項証明書は、全国の法務局・地方法務局の本局窓口にて取得することができます。支局や出張所では取得することができませんので注意しておきましょう。　**郵送の場合 P45**

■全国の法務局・地方法務局
〈令和3年4月現在〉

	局 名	所在地		電話番号
東京管内	東京法務局	東京都千代田区九段南1-1-15 九段第2合同庁舎	後見登録課	03-5213-1360
	横浜地方法務局	横浜市中区北仲通5-57 横浜第2合同庁舎	戸籍課	045-641-7976
	さいたま地方法務局	さいたま市中央区下落合5-12-1　さいたま第2法務総合庁舎	代　表	048-851-1000
	千葉地方法務局	千葉市中央区中央港1-11-3	戸籍課	043-302-1316
	水戸地方法務局	水戸市北見町1-1	戸籍課	029-227-9916
	宇都宮地方法務局	宇都宮市小幡2-1-11	戸籍課	028-623-0921
	前橋地方法務局	前橋市大手町2-3-1	代　表	027-221-4466
	静岡地方法務局	静岡市葵区追手町9-50 静岡地方合同庁舎	代　表	054-254-3555
	甲府地方法務局	甲府市丸の内1-1-18 甲府合同庁舎	代　表	055-252-7151
	長野地方法務局	長野市旭町1108 長野第2合同庁舎	戸籍課	026-235-6629
	新潟地方法務局	新潟市中央区西大畑町5191　新潟地方法務総合庁舎	戸籍課	025-222-1565
大阪管内	大阪法務局	大阪市中央区谷町2-1-17　大阪第2法務合同庁舎	戸籍課	06-6942-9459
	京都地方法務局	京都市上京区荒神口通河原町東入上生洲町197	戸籍課	075-231-0199
	神戸地方法務局	神戸市中央区波止場町1-1　神戸第2地方合同庁舎	代　表	078-392-1821
	奈良地方法務局	奈良市高畑町552	代　表	0742-23-5534
	大津地方法務局	大津市京町3-1-1　大津びわ湖合同庁舎	代　表	077-522-4671
	和歌山地方法務局	和歌山市二番丁3　和歌山地方合同庁舎	代　表	073-422-5131
名古屋管内	名古屋法務局	名古屋市中区三の丸2-2-1　名古屋合同庁舎第1号館	戸籍課	052-952-8072
	津地方法務局	津市丸之内26-8　津合同庁舎	戸籍課	059-228-4192
	岐阜地方法務局	岐阜市金竜町5-13　岐阜合同庁舎	代　表	058-245-3181
	福井地方法務局	福井市春山1-1-54　福井春山合同庁舎	代　表	0776-22-4344
	金沢地方法務局	金沢市新神田4-3-10　金沢新神田合同庁舎	戸籍課	076-292-7829
	富山地方法務局	富山市牛島新町11-7 富山合同庁舎	戸籍課	076-441-6271
広島管内	広島法務局	広島市中区上八丁堀6-30	戸籍課	082-228-5765
	山口地方法務局	山口市中河原町6-16　山口地方合同庁舎2号館	代　表	083-922-2295
	岡山地方法務局	岡山市北区南方1-3-58	戸籍課	086-224-5659
	鳥取地方法務局	鳥取市東町2-302　鳥取第2地方合同庁舎	代　表	0857-22-2260
	松江地方法務局	松江市東朝日町192-3	戸籍課	0852-32-4230
福岡管内	福岡法務局	福岡市中央区舞鶴3-5-25	戸籍課	092-721-9334
	佐賀地方法務局	佐賀市城内2-10-20　佐賀合同庁舎	戸籍課	0952-26-2185
	長崎地方法務局	長崎市万才町8-16	戸籍課	095-820-5953
	大分地方法務局	大分市荷揚町7-5　大分法務総合庁舎	代　表	097-532-3161
	熊本地方法務局	熊本市中央区大江3-1-53　熊本第2合同庁舎	代　表	096-364-2145
	鹿児島地方法務局	鹿児島市鴨池新町1-2	戸籍課	099-259-0668
	宮崎地方法務局	宮崎市別府町1-1　宮崎法務総合庁舎	代　表	0985-22-5124
	那覇地方法務局	那覇市樋川1-15-15　那覇第1地方合同庁舎	戸籍課	098-854-7953
仙台管内	仙台法務局	仙台市青葉区春日町7-25　仙台第3法務総合庁舎	代　表	022-225-5611
	福島地方法務局	福島市霞町1-46　福島合同庁舎	代　表	024-534-1933
	山形地方法務局	山形市緑町1-5-48　山形地方合同庁舎	戸籍課	023-625-1617
	盛岡地方法務局	盛岡市盛岡駅西通1-9-15　盛岡第2合同庁舎	戸籍課	019-624-9856
	秋田地方法務局	秋田市山王7-1-3　秋田合同庁舎	戸籍課	018-862-1129
	青森地方法務局	青森市長島1-3-5　青森第2合同庁舎	戸籍課	017-776-9021
札幌管内	札幌法務局	札幌市北区北8条西2-1-1　札幌第1合同庁舎	代　表	011-709-2311
	函館地方法務局	函館市新川町25-18　函館地方合同庁舎	代　表	0138-23-9526
	旭川地方法務局	旭川市宮前1条3-3-15　旭川地方合同庁舎	代　表	0166-38-1165
	釧路地方法務局	釧路市幸町10-3　釧路合同庁舎	戸籍課	0154-31-5015
高松管内	高松法務局	高松市丸の内1-1　高松法務合同庁舎	代　表	087-821-6191
	徳島地方法務局	徳島市徳島町城内6-6　徳島地方合同庁舎	代　表	088-622-4171
	高知地方法務局	高知市栄田町2-2-10　高知よさこい咲都合同庁舎	戸籍課	088-822-3448
	松山地方法務局	松山市宮田町188-6　松山地方合同庁舎	代　表	089-932-0888

④ 本人の財産を調査しよう

　後見人は、就任後ただちに本人の財産状況を調査し、**財産目録**を作成した上で、定められた期限内に家庭裁判所に提出しなければなりません。家庭裁判所から送られてくる審判書と一緒に入っている用紙に提出期限が示されていることが多いです。審判からおおよそ２か月後が提出期限となっていますので、すみやかに財産の調査を済ませてしまいましょう。

間に合わない場合　P64

　申立ての際にもある程度調査を行っているはずですが、後見人に選任されないと、そもそも調査が難しいものもあります。

　改めて、本人や親族、関係者などから入念なヒアリングを行い、本人の財産に関する情報を収集しましょう。そのうえで、後見登記事項証明書を各窓口に持参し、情報を開示してもらいながら、それぞれの財産を具体的に調査していきます。

■財産の調査

　不動産の調査　P50

　預貯金、有価証券、保険の調査　P52

　その他の資産、借金の調査　P54

　財産目録の作成が終了するまでは、原則として本人の財産を動かすことはできませんが、施設への支払いや医療費の支払いなど、本人の生活において最低限必要な支出に関しては便宜上、認められています。

第2章

財産の調査 ❶ 不動産の調査

　本人が不動産を所有している場合には、不動産に関する情報を集めます。不動産を特定し、評価額や固定資産税の支払額を確認します。

不動産の登記事項証明書を取得しましょう

　申立ての時に判明していなかった不動産について、登記事項証明書を取得しましょう。不動産の登記事項証明書は、後見登記事項証明書と違って、原則として全国どこの法務局でも取得することができます。

　本人宛に届いている固定資産税の納税通知書、本人が管理している不動産の登記済権利証・登記識別情報通知、購入当時の売買契約書などを預かり、不動産の地番や家屋番号を調べましょう。また、名寄帳を閲覧することで、原則として同一市区町村内に所有している不動産を確認することができますので、名寄帳を閲覧するのも一つの方法です。

■**不動産登記事項証明書の取得方法**　　　　　　　〈令和3年7月現在〉

取得できる場所	法務局（全国どこでも取得できる）
取得できる人	本人、後見人に限らず誰でも可
提出書類	申請書
手数料	1通600円（窓口請求・郵送請求）

■**名寄帳の閲覧方法**

閲覧できる場所	市区町村役場（東京23区は都税事務所）
閲覧できる人	本人、後見人など
提出書類	申請書、本人との関係を証する資料など
手数料	市区町村により異なる

固定資産評価証明書を取得しましょう

　土地や建物の固定資産評価証明書を取得して、不動産の評価額も調べます。本人の資産を算出するために必要になります。

　固定資産評価証明書の取得の際には、後見人であることの証明として後見登記事項証明書が必要になる点に注意しましょう。

■固定資産評価証明書の取得方法

取得できる場所	市区町村役場（東京23区は都税事務所）
取得できる人	本人、後見人など
提出書類	申請書、本人との関係を証する資料など
手数料	市区町村により異なる

固定資産税の支払額も確認しましょう

　納税通知書の記載から、土地や建物に係る固定資産税の支払金額についても確認しましょう。納税通知書が見つからない場合は、市区町村役場や都税事務所に問い合わせてみましょう。年間の収支を把握するために重要な情報になります。口座振替になっていない場合は、振替手続をしておくと今後の管理が楽です。　収支計画 P60

賃貸物件の契約内容を確認しましょう

　不動産を賃貸または賃借している場合は、不動産賃貸借契約書の引渡しを受け、契約内容も確認しましょう。家賃や支払い時期、更新時期など、今後の財産管理を行う上でとても大切な情報です。

それぞれ申立ての段階で取得して提出しているものについては、原則として新たに取得し直す必要はありません。

　金融機関で本人の取引状況を調査します。調査を行う際には、それぞれの調査と併せて、各金融機関に「成年後見制度に関する届出書」を提出して、後見人として就任したことを届け出ます。また、後見人自身の印鑑を今後使用する銀行印として提出しましょう。

> 成年後見制度に関する届出 P67

　窓口に出向く際には、本人の通帳とキャッシュカードなどと併せて、後見登記事項証明書と個人の実印、印鑑証明書、身分証明書、新たに届け出る銀行印のセットを一緒に持っていくようにしましょう。

> 持ち物とコツ P72

預貯金の調査をしましょう　　　　　預貯金が多額な場合 P111

　通帳や銀行印を本人から預かり、記帳します。通帳を紛失しているものがあれば、再発行の手続をしてそれぞれの金融機関の残高を確認します。このとき、併せて通帳のお金の動きも確認するようにしましょう。どのような引き落としがあり、どのような入金があるのか。そのお金の動きが、財産調査のヒントになることもあります。

　また、手元には通帳がなくても、もしかしたら口座を開設していたかもしれない、と心当たりのある金融機関には「口座があるかもしれないので探してください」と照会をかけることもできます。口座があった場合は取引履歴も取り寄せて、同様にお金の動きを確認しましょう。

　通帳や銀行印のほかにも、証書類や不動産の権利証、契約書などの貴重品、重要書類は後見人が預かるようにしましょう。

> 各種証明書の管理 P88

貸金庫の調査をしましょう

　貸金庫がある場合は、金庫を開けて中に入っているものを調査します。貸金庫を開ける際には、本人の親族・相続人との間で「○○が入っていたはずだ」といったような後日の紛争を防止する意味で、他の親族など第三者に立会いをお願いすることが好ましいでしょう。

株式などの有価証券の調査をしましょう

　株式などの有価証券その他金融商品を所有している場合は、証券会社に問い合わせをして、残高証明を取り寄せましょう。証券会社を通して管理をしていれば、証券会社からの郵便物が本人宛に届いていると思いますので、それらを参考にするとよいでしょう。証券会社を通していない場合は、株式を発行している会社などに直接確認してみましょう。

保険契約の調査をしましょう

　郵便物や保険証券など、生命保険等に加入している形跡がある場合は、保険会社に問い合わせを行い、契約内容を確認してみましょう。

　年間の収支を把握するために、保険料の確認は必要です。なお、令和3年7月1日に開始した**生命保険契約照会制度**を利用すれば、後見人が一括して対象者について生命保険契約の有無について調べることができます。また、本人の状況、保険契約の内容によっては、保険金を受け取ることができる可能性もあります（入院保険等）。こちらの観点からも確認は重要です。

👆 **ちょっと確認**　　**金融機関で行うことのまとめ**

☐　口座の有無の照会

☐　通帳の記帳、各種残高の照会　　☐　貸金庫の開扉

☐　成年後見制度に関する届出、届出印の提出　　P67

財産の調査 3 その他の資産、借金の調査

　これまでに調査した財産以外にも、資産的な価値があると思われるものについては、調査しておきましょう。具体的には、自動車、バイク、時計・宝石・貴金属、絵画などの美術品、骨董品などです。

　また、プラスの資産だけでなく、マイナスの資産の調査も重要です。

　そこで、本人の借入れに関する情報も確認します。具体的には、住宅ローン、車のローン、クレジットカードのカードローンなどです。

　請求書などの郵便物を確認したり、過去の通帳の履歴などを確認したりするなどして借入先を調べ、残高が不明な場合は直接借入先に照会して、取引明細書などを送ってもらうようにするとよいでしょう。

👆 **ちょっと確認**　負債・借入れの調べ方のまとめ

- □　本人、親族からのヒアリング
- □　過去の通帳履歴の確認、照会
- □　請求書などの郵便物、本人の手元にある資料の確認

　本人や親族からのヒアリングで十分な把握ができない場合は、本人の手元にある資料や郵便物を念入りに調査しましょう。特に郵便物はヒントの宝庫です。気になるものがあれば、直接相手方にコンタクトを取って確認するようにしましょう。

5 財産目録を作成しよう

これまでに調査した内容をもとに、財産目録を作成しましょう。

財産目録とは、本人の預貯金、不動産、有価証券、生命保険、負債その他、本人の資産の内容を個別具体的に記載した一覧表のことです。財産目録の資料として、通帳のコピーや不動産の登記事項証明書、領収書など、各種財産の情報・内容が確認できるものを一緒に提出します。

通帳のコピーの取り方

財産目録と一緒に提出する通帳のコピーは、そのコピーの方法が決められています。A4用紙・縦置きが基本です。

下記のとおり、A～Cまでをコピーします。Cの履歴については、申立ての時点以降に記帳された部分を提出するのが原則です。

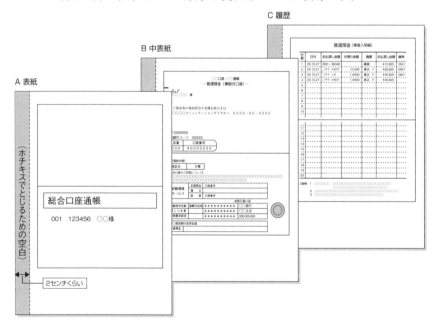

■財産目録サンプル（東京家庭裁判所）

事件番号 P43 、本人氏名を記入します。

開始事件 事件番号　令和 2 年（家）第１２３４５号　【 本人氏名：　山田　松子　　　　　　　　　】

財 産 目 録　（令和２年９月３０日現在）

令和 2 年10月15日　　　　　　　　　　作成者氏名　近藤　竹子　

本人の財産の内容は以下のとおりです。

1　預貯金・現金

金融機関の名称	支店名	口座種別	口座番号	残高（円）	管理者	
新宿信用金庫	新宿支店	普通預金	12341234	1,995,200	後見人	……①
新宿信用金庫	新宿支店	定期預金	12345678	5,000,000	後見人	
ゆうゆう銀行	神楽坂支店	普通預金	10000-1000000	3,004,321	後見人	
ひかり銀行	新宿支店	普通預金	32132132	5,001,234	後見人	
		支援信託				
		支援預貯金				
現　金				20,000	後見人	
合　計				15,020,755 ……		……②
前回との差額					（増・減）	

（2から7までの各項目についての記載方法）
・初回報告の場合→すべて右の□をチェックし、別紙も作成してください。
・定期報告の場合→財産の内容に変化がない場合→左の□にチェックしてください。該当財産がない場合には、（ ）内の□
　　　　　　　　　　にもチェックしてください。
　　　　　　　　　財産の内容に変化がある場合→右の□にチェックした上，前回までに報告したものも含め，該当する
　　　　　　　　　項目の現在の財産内容すべてを別紙にお書きください。

2　有価証券（株式，投資信託，国債，外貨預金など）
□　前回報告から変わりありません（□該当財産なし）　　　　☑　前回報告から変わりました（別紙のとおり）

3　不動産（土地）
□　前回報告から変わりありません（□該当財産なし）　　　　☑　前回報告から変わりました（別紙のとおり）

4　不動産（建物）
□　前回報告から変わりありません（□該当財産なし）　　　　☑　前回報告から変わりました（別紙のとおり）

5　保険契約（本人が契約者又は受取人になっているもの）
□　前回報告から変わりありません（□該当財産なし）　　　　☑　前回報告から変わりました（別紙のとおり）

6　その他の資産（貸金債権，出資金など）
□　前回報告から変わりありません（□該当財産なし）　　　　☑　前回報告から変わりました（別紙のとおり）

7　負債（立替金など）
□　前回報告から変わりありません（□該当なし）　　　　　　☑　前回報告から変わりました（別紙のとおり）

……③

56

（別紙）

2 有価証券（株式，投資信託，国債，外貨預金など）

種　類	銘柄等	数量（口数，株数，額面等）	評価額（円）	
株式	ひがしの商事	500株	1,000,000	·······④
合　計			1,000,000	

3 不動産（土地）·········⑤ ···········⑥

所　在	地　番	地　目	地積（㎡）	備　考
新宿区神楽坂七丁目	14番21	宅地	50.00	

4 不動産（建物）·········⑤ ···········⑥

所　在	家屋番号	種　類	床面積（㎡）	備　考
新宿区神楽坂七丁目14番地21	14番21	居宅	60.00	

5 保険契約（本人が契約者又は受取人になっているもの）

保険会社の名称	保険の種類	証書番号	保険金額（受取額）（円）	受取人	
すずらん生命	生命保険	12F-345678	3,000,000	後見人	·······⑦
さかき損害保険	損害保険	123-123	1,000,000	本人	

6 その他の資産（貸金債権，出資金など）

種　類	債務者等	数量（債権額，額面等）	
なし			·······⑧

7 負債（立替金など）

債権者名（支払先）	負債の内容	残額（円）	返済月額・清算予定	
なし				·······⑨
合　計				

財産目録の記載方法と提出書類

　財産目録は、所定のひな型がありますので、管轄の家庭裁判所から取り寄せるようにしましょう。ここでは、東京家庭裁判所の財産目録を例に、それぞれの財産について記入方法を確認します。申立ての際に作成した財産目録を参考に記入するとよいでしょう。申立ての際に既に提出しているものは、原則添付する必要はありません。

【預貯金・現金】

①金融機関名・支店名・口座種別・口座番号と金額をそれぞれ記載します。管理者欄には、実際にその預貯金・現金を管理している人を記載しましょう。なお、本人の財産の管理は、基本的に預貯金で行うようにし、多額の現金は手元におかないように注意しましょう。

②預貯金・現金の総額を記載します。

　　添付書類　　申立て時から現在までの残高が記載された通帳のコピー、定期預金の場合は通帳や証書のコピー・元利金額等明細書　コピー P55
通帳が発行されない口座の場合は金融機関やインターネットから入手した通帳に代わる書面（取引明細など）など

③初回報告時においては、2～7のすべての項目で右の「前回報告から変わりました（別紙のとおり）」にチェックをし、次ページの別紙を作成しましょう。

　通帳が長期間記帳されずにその期間の入出金がまとまっている場合は、その期間の取引履歴を取得して提出するようにしましょう。

財産目録別紙の記載方法と提出書類

　東京家庭裁判所の初回報告は、財産目録別紙の作成を必ず行います。別紙において該当する財産がない項目については、「なし」と記載します。

【有価証券】

④証券会社や金融機関からの報告書等を参考に記入します。

　　添付書類　　証券会社や金融機関が発行した取引残高が確認できる報告書等のコピー

【不動産（土地・建物）】

⑤不動産登記事項証明書や申立て時の財産目録を参考に記入します。

　　添付書類　　不動産登記事項証明書　P50　、固定資産評価証明書など

⑥備考欄には不動産の利用状況などを記載します。賃貸に出している場合は、家賃も記載するようにしましょう。

　　添付書類　　賃貸借契約書など

【保険契約】

⑦保険会社発行の報告書などを参考に記入します。

　　添付書類　　保険証券のコピー、保険会社発行の報告書のコピーなど

【その他の資産（貸金債権、出資金など）】

⑧上記以外の資産について記入します。

　　添付書類　　賃貸借契約書・借用書などの資料のコピー

【負債】

⑨住宅ローンやカードローンなど、借入金がある場合には借入金の種類、金額、返済金額や精算予定などを記入します。後見人が本人ために立て替えた費用がある場合もこの欄に記入します。

　　添付書類　　請求書、負債の内容が確認できる資料のコピーなど

⑥ 年間の収支計画を立てよう

　後見人は、就任当初に、本人に関する毎年の収入（入ってくるお金）と支出（出ていくお金）を大まかに把握して、年間の予算を決める必要があります。このとき作成するのが、年間収支予定表です。

今後の生活プランを大まかに計算しましょう

　収支を確認した結果、収入が支出を上回る場合や、支出が上回っても十分な貯蓄がある場合はそれほど問題にはなりませんが、財産がそれほど残っておらず、支出が収入を上回る場合には、将来的に生活保護制度の利用なども視野に入れておかなければなりません。参照 P92

　また、たとえ財産があっても、めぼしい財産が不動産や株式などしかない場合は、それらの売却も検討しなければなりません。P144

　本人の財産を把握し、予算を立てることによって、今後の後見に関する具体的な方針を決められるようになるのです。

　本人の財産状況や年間の収支の把握は、後見人として今後支援していく方針を決めるためにも大切なことです。

　このタイミングで、本人の今後の生活プランをある程度具体的に立ててみましょう。

代表的な収支と調査方法一覧

■収入

項目	具体例	代表的な調査方法
年　金	国民年金・厚生年金・共済年金・障害年金等公的年金のほか、郵便年金等の年金型保険による年金	年金額決定通知書の確認 年金振込通知書の確認 通帳の確認 年金証書・保険証書の確認 保険金振込通知書の確認
各種公的手当	被災者のための手当・交付金、障害者手当等	通帳の確認、市区町村役場への問い合わせ
賃料収入	家賃、地代	通帳の確認、契約書の確認 管理会社への問い合わせ
株式等配当	株式、有価証券、投資信託	通帳の確認 証券会社への問い合わせ

■支出

項目	具体例	代表的な調査方法
食費・雑費等	食費・衣服・日用品等	通帳の確認、レシートの確認
家　賃	賃貸不動産	通帳の確認、契約書の確認
公共料金	電気・ガス・水道代等	通帳の確認、明細書の確認
施設利用料	介護施設等	通帳の確認、請求書・領収書の確認
医療・入院費	通院・入院	請求書・領収書の確認
税　金	固定資産税、住民税等	納付書の確認、通帳の確認
保険料	国民健康保険、介護保険・後期高齢者医療保険、生命保険等	年金額決定通知書の確認、通帳の確認、保険証書の確認
借入金	住宅ローン等	通帳の確認、請求書の確認

第2章

年間収支予定表を作成しましょう

　調査した内容をもとに、年間の収支予定表を作成しましょう。作成した年間収支予定表は、各種資料と一緒に家庭裁判所へ提出します。

■年間収支予定表サンプル（東京家庭裁判所）

令和2年（家）第12345号

年間収支予定表

（ 年 額 で 書 い て く だ さ い 。）

事件番号を記入します。

事件番号 P43

1　本人の定期的な収入　（ 年金額通知書、確定申告書等を見ながら書いてください 。）

種　　別	名称・支給者等	金　額（円）	入金先通帳・頻度等	
年　　金	厚生年金（遺族年金）	1,200,000	ゆうゆう銀行、偶数月	……①
	国民年金（老齢基礎年金）	720,000	ゆうゆう銀行、偶数月	
株式配当金	村野証券	24,000	ひかり銀行新宿支店、6月と12月	……②
合　　計		1,944,000		

2　本人の定期的な支出　（ 納税通知書、領収書等を見ながら書いてください。）

費　　目	支　払　先　等	金　額（円）	月額・使用通帳等	
生 活 費（食費、衣服など）		720,000	60,000円／月　新宿信用金庫新宿支店	……③
施 設 費		0		……④
住 居 費		0		……⑤
税　　金	固定資産税	100,000	4期分一括払い、新宿信用金庫新宿支店	……⑥
保 険 料	後期高齢者医療保険料、介護保険料	0	年金から特別徴収	……⑦
その他　療養費	山の上病院	500,000	新宿信用金庫新宿支店	
小遣い等	本人	240,000	20,000円／月　新宿信用金庫新宿支店	
合　　計		1,560,000		

※収支が赤字となる場合は、対処方針等を記載してください。

※本人以外の第三者のための支出を予定している場合は、理由等を記載してください。

収支が赤字になってしまう場合は今後の対策をここに記入します。
例）自宅を売却して資金にする
　　株を解約して現金化する　等

年間収支予定表の記載方法と提出書類

　年間収支予定表は、所定のひな型がありますので、管轄の家庭裁判所から取り寄せるようにしましょう。ここでは、東京家庭裁判所の年間収支予定表を参考に、記入方法の一例を確認します。添付書類のうち既に提出しているものは、原則添付する必要はありません。

【本人（被後見人）の定期的な収入】

①年金額決定通知書などを参考に、年金額を年額で記載します。入金先の通帳を記載しましょう。公的年金の場合は偶数月に入金されますので、その頻度も記載しましょう。

　添付書類　年金額決定通知書、年金証書、通帳などのコピー

②その他収入がある場合は、その名称や金額、入金先や頻度を記載します。

　添付書類　通帳のコピーなど

【本人（被後見人）の定期的な支出】

③生活費を年額で記載します。この場合の生活費は、食費や雑費、公共料金など基本的な生活費です。概算で構いません。生活費に限らず、定期的な支出については月額や使用通帳についても記載しましょう。

④施設療養費や医療費など療養にかかる費用の概算を年額で記載します。

　添付書類　施設の料金表、過去の医療費がわかる資料のコピーなど

⑤賃貸不動産に居住している場合は、家賃の年額を記載します。

　添付書類　賃貸借契約書のコピーなど

⑥固定資産税額や住民税額を年額で記載します。

　添付書類　納税通知書や納付書のコピーなど

⑦保険料を年額で記載します。年金から天引きされる場合はその旨を記載しましょう。

　添付書類　年金額決定通知書や保険証書などのコピー

作成した財産目録や年間収支予定表、各種資料を家庭裁判所に提出します。家庭裁判所によっては、別途、他の資料の提出が求められる場合もあります。一般的には報告書のひな型とともに、必要書類等についての説明がされた書面が渡されることが多いので、必要に応じて併せて提出するようにしましょう。

提出の方法は、窓口に持参する方法でも郵送でも構いません。郵送の場合は、封筒に事件番号を記入するとよいでしょう。 事件番号 P 43

報告書提出の期限

報告書は定められた期限内に家庭裁判所に提出する必要があります。提出期限は、家庭裁判所から送られてくる審判書と併せて案内されることが一般的です。おおよそ、審判から2か月後が提出期限となっていますので、すみやかに調査を行うことがポイントです。 財産の調査 P 49

もし間に合わない場合は、提出期限内に家庭裁判所へその旨の連絡をするようにしましょう。東京家庭裁判所では、「連絡票」を提出する形で申し出を行います。裁判所から配布される手引きやハンドブックなどに連絡の方法について記載されていることが多いため、案内に従うようにしましょう。わからない場合は、家庭裁判所へ電話をして確認しましょう。 連絡票 P 93

報告書に限らず、家庭裁判所へ提出する書類は、コピーをとって一部を手元におくようにしましょう。家庭裁判所から問い合わせがきたときや、今後の財産管理に役立ちます。後見業務専用に厚手のファイルを買って、そこに整理して綴じ込んでいくとわかりやすいですね。

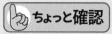 **ちょっと確認** 　家庭裁判所への報告は、最初だけ？

　家庭裁判所への報告は最初だけではありません。

　どのような場面で家庭裁判所への報告が必要か、確認しましょう。

①初回報告

　前ページの通り、審判から約2か月以内に行います。

②定期的な報告

　初回報告が終われば、次からは1年に1回程度、報告書を提出します。（家庭裁判所により取り扱いが異なります。）ただし、家庭裁判所から報告を求められた場合には、その指示に従って報告を行います。 定期報告 P102

③適宜報告をすべき場合

　遺産分割や財産の処分などで財産環境が大きく変わるときや、本人の入院先や住所等に変更があったときは家庭裁判所に確認の上、適宜報告を行います。 参照 P93

④終了の報告

　本人の死亡等により後見が終了した場合に、家庭裁判所へ報告をします。財産の整理など、すべての事務が終わってからの報告になります。 参照 P160

⑤後見監督人がついている場合の報告の方法

　法律上は、後見監督人の立会いが必要とされています。実務上は、作成した報告書を後見監督人に提出し、後見監督人から裁判所へ報告を送ってもらうという取り扱いがなされることもあります。

後見監督人 P115

8 当面の生活費を確保しよう

　医療費や生活費など、現金での支払いが必要となるものに対応できるよう、就任直後にいくらか引き出して小口現金として保管しましょう。また、業務に関する後見人の交通費など、本人のために使ったお金は本人の財産から支出することができます。それらも小口現金で精算するとよいでしょう。 **参照 P91**

　小口現金は、現金出納帳をつけながら管理します。パソコンが使える方はエクセルなどのシートで管理すると便利です。手書きの場合は、ノートや家計簿、お小遣い帳のようなものでも構いません。

現金出納帳 P86

　いずれの方法で管理するにしても、すぐに確認ができるよう、また、いつでも家庭裁判所に提出できるよう、わかりやすく整理して記しておきましょう。 **定期報告 P102**

☝ ちょっと確認　　小口現金と通帳記入

　小口現金を通帳から引き出したら、通帳記入をして、「小口現金用払い戻し」「ヘルパー代」などとわかりやすく鉛筆で書きこんでおくと後から確認する際にわかりやすいです。 **参照 P84**

　小口現金の引き出しは、1万円や5万円などきりのいい数字にしておくと管理がしやすいでしょう。

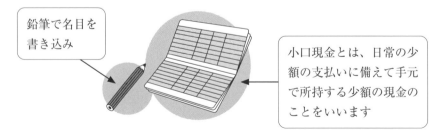

鉛筆で名目を書き込み

小口現金とは、日常の少額の支払いに備えて手元で所持する少額の現金のことをいいます

9 各関係機関へ後見人の届出をしよう

　市区町村役場や金融機関などでの手続は、基本的にすべて本人の代わりに後見人が行うことになります。そのため、まずは後見人として自らが就任したことについて各窓口に届出を行います。各届出書は、それぞれの窓口で所定の用紙が用意されていますので、それを使用しましょう。

持ち物とコツ P72

第2章

■主な届出先一覧

市区町村役場 重要度☆☆☆	高齢福祉課、年金課、介護保険課、税務課など →重要な郵便物の送付先として後見人を登録 　一括で各課に届出ができるよう配慮されている役所 　もある（ex.町田市、文京区等）
金融機関 重要度☆☆☆	銀行、証券会社など →後見人が就いた旨の届出と届出印の登録　P68
年金関係 重要度☆☆☆	年金事務所など →年金の受給者を「成年被後見人○○○○成年後見人 　△△△△」などとし、郵便物の送付先として後見人 　を登録
施設や入院先 重要度☆	施設、病院 →必要に応じて、随時（支払いの際など）
税金関係 重要度☆	都税事務所、税務署など →必要に応じて、随時

■銀行等へ提出する届出書サンプル（参考：全国銀行協会）

〔参考例２〕

> 金融機関によって用紙はさまざまです。指示に従って届出をしましょう。

成年後見制度に関する届出書

令和２年９月１０日

ひかり 銀行
新宿 支店 御中

本人	おところ	新宿区神楽坂７-７-７　お電話（ 03 － 1234 －5678 ）	
	おなまえ	フリガナ　　ヤマダ　　マツコ　　　　　　 山田 松子	○ （届出印）
補助人 保佐人 成年後見人 任意後見人	おところ	新宿区四谷７-７-７　お電話（ 03 － 2345 －6789 ）	
	おなまえ	フリガナ　ヤマダマツコセイネンコウケンニンコンドウタケコ 山田松子成年後見人近藤竹子	竹子 （実印）〔注〕

　私（本人）は、成年後見制度に係る家庭裁判所の審判を受けましたので、貴店との取引について、次のとおりお届けいたします。

　なお、届出内容に変更があった場合には、改めてお届けいたします。

(1) 審判の内容（該当する項目を○で囲んでください。）

審判の種類	補助・保佐・成年後見 任意後見（任意後見監督人の選任） 代理権付与の審判・同意権（取消権）付与の審判
代理権・同意権の内容	添付資料のとおり。
添付資料	登記事項証明書　・　審判書の銀行届出用抄本（理由部分のみを省略したもの）および確定証明書

(2) 現在の取引の種類

口座番号をご記入下さい	総合 口座	普通	3213213	（その他、各行における取引の種類を記す）
		定期		
	普通預金			
	定期預金			
	当座預金			
			・　　・　　・	

(3) その他

〔注〕ただし、後見人等が家庭裁判所に選任され、就任したことについては登記により公示されることから、実印および印鑑登録証明書による代理人としての意思確認は改めて行わず、後見人等から、本届出書、成年後見登記に関する登記事項証明書および犯収法が定める本人確認書類の掲示・提出によるのみを受けることとしているケースも考えられます。

　　詳しくは、取引銀行にご相談ください。

金融機関へ届出をする際の留意点

金融機関に届出をする際には、いくつか留意点があります。

【口座の名義】

本人名義の口座については、必要に応じて「成年被後見人山田松子成年後見人近藤竹子」というように変更または新規開設をして、わかりやすくしましょう。金融機関によって変更または新規開設の方法は異なります。

なお、後見人個人名義の口座を開設したり、後見人個人名義の口座に本人の預貯金を移動させたりするのは、本人の財産と後見人の財産の区別がつかなくなってしまう可能性が高いので、避けましょう。

■届出後の通帳サンプル

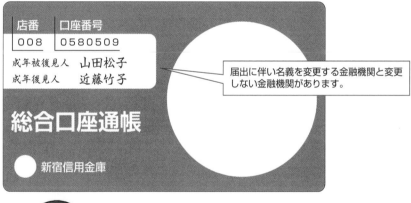

店番	口座番号
008	0580509

成年被後見人　山田松子
成年後見人　　近藤竹子

総合口座通帳

● 新宿信用金庫

届出に伴い名義を変更する金融機関と変更しない金融機関があります。

金融機関によって、届出に必要になる書類が異なることもあります。事前に電話で確認をしてから手続に向かうようにしましょう。　持ち物とコツ P72

【口座の数】

　口座の数が多ければ多いほど、管理は煩雑になります。不要な口座は解約し、なるべく管理しやすいように整理しましょう。口座のある支店でしか後見人による入出金ができない金融機関があるため、後見人の最寄りの支店に移動させるか、後見人用のキャッシュカードを作ると便利です（インターネットバンキングも後見人は使えないところがほとんどです）。なお、ゆうちょ銀行は、全国どこの支店でも手続が可能です。

【キャッシュカード】

　今まで使用していたキャッシュカードは使用できなくなる金融機関がほとんどです。金融機関によって、後見人専用のキャッシュカードを発行してくれることもありますが、対応していないところもあります。確認した上で、発行可能な場合は代表的な口座に関してはキャッシュカードを発行してもらうよう手続を行うと便利でしょう。

【届出印】

　本人が届け出ていた印鑑ではなく、後見人の印鑑を改めて届け出ます。今後は後見人の印鑑を使用して入出金等の各種手続を行うことになります。後見人に就任したら、後見人として口座で使用する印鑑を一つ用意するとよいでしょう。なお、金融機関によっては、届出印に後見人個人の実印を求められることもあります。

本人と後見人の財産は別々に管理をするのが望ましく、また、安全のため、印鑑も後見人が普段使用しているものとは別のものを用意しましょう。

後見人
個人用　　後見人
後見業務用

年金に関する申出・書類の送付先変更

　年金の受給者を「成年被後見人○○○○成年後見人△△△△△」として申出をし、同時に送付先も変更しておくとよいでしょう。

■年金に関する申出書サンプル（参考：日本年金機構）

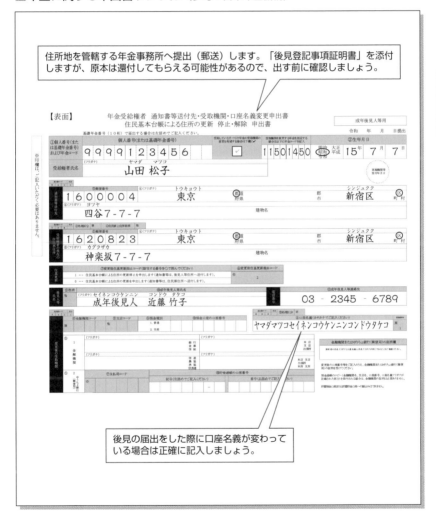

住所地を管轄する年金事務所へ提出（郵送）します。「後見登記事項証明書」を添付しますが、原本は還付してもらえる可能性があるので、出す前に確認しましょう。

後見の届出をした際に口座名義が変わっている場合は正確に記入しましょう。

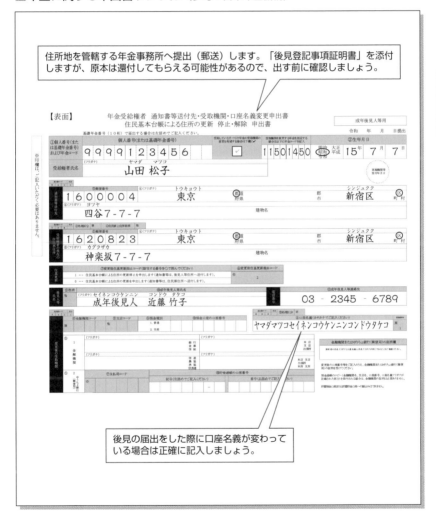（以降、申出書内の主な記入内容）

【表面】　年金受給権者　通知書等送付先・受取機関・口座名義変更申出書
　　　　　住民基本台帳による住所の更新　停止・解除　申出書

成年後見人等用

① 個人番号（または基礎年金番号）および年金コード　9999123456
受給権者氏名（フリガナ ヤマダ マツコ）　山田 松子

②生年月日　昭和 15 年 7 月 7 日

〒 1600004　トウキョウト 東京　新宿区
（フリガナ ヨツヤ）　四谷7-7-7

〒 1620823　トウキョウト 東京　新宿区
（フリガナ カグラザカ）　神楽坂7-7-7

（フリガナ セイネンコウケンニン コンドウ タケコ）　成年後見人 近藤 竹子
電話番号　03 - 2345 - 6789

ヤマダマツコセイネンコウケンニンコンドウタケコ

👆 ちょっと確認　届出の際の持ち物とスムーズに届出を行うコツ

　数年前に比べると、成年後見制度の認知度は高まりつつあります
が、それでも具体的な手続となると、機関ごと、担当者ごとに理解度
に差があり、それぞれの窓口で相当な時間がかかることがあります。

　窓口に出向く前に、事前に電話などで成年後見に関する届出を行
いたい旨を伝え、必要な書類などを確認しておくとよいでしょう。
それでも時間がかかる可能性は高いので、時間には余裕をもってス
ケジュールを立てましょう。

　また、口座を解約をする場合は、届出と同時に解約をすることが
できる場合もあります。解約の手続に必要な書類も併せて確認し、
一緒に手続をしてしまうとよいでしょう。

■主な持ち物一覧

　□　後見登記事項証明書（発行後3か月または6か月以内の
　　　もの）　**P 45**

　□　後見人個人の実印

　□　後見人個人の印鑑証明書（発行後3か月または6か月以
　　　内のもの）

　□　後見人個人の身分証明書

　□　届出用の印鑑

　提出する書類についてですが、機関によっては
原本を返却してもらえるので、経費を削減するた
めになるべく返却してもらうよう伝えましょう。

　また、証明書関係は発行後3か月以内のものを
要求される場合が多いので、届出はまとめて行っ
てしまうとよいでしょう。

原本

10 もっと知りたい　最初のお仕事 Q & A

Q1 「審判書が届いてから2週間で審判が確定する P43 」という意味がよくわかりません。

A1 成年後見に関する審判については、不服を申し立てることができる期間が定められています。後見人への審判書到着からの2週間は、この不服を申し立てることができる期間です。不服といっても、「この人が後見人になるのは嫌だ」という不服は申し立てることができません。あくまでも成年後見制度を利用する必要がない旨の不服申立てのみです。

　2週間の間に不服申立てがされなければ、審判が確定して、正式に後見人となるのです。審判が確定するまでは、あくまで「後見人候補者」であるということになります。

P43

第2章

　2週間というのは、審判書を受け取ってから2週間ということです。基本的に特別送達という方法で書類は送られますが、自宅に不在で受け取ることができなかった場合は、実際に受け取るまで2週間の期間はカウントが開始されません。急いでいる場合は、早めに受け取るようにしましょう。

Q2 本人が勝手に契約などをしてしまった場合はどうなるのですか？

 A2 審判が確定する前と確定した後によって対応方法が違います。

【審判確定前】

通常の取引と同じ扱いです。詐欺や脅迫を理由とする取り消し、訪問販売の場合のクーリングオフ（ともに期間の制限あり）などしか原則として認められていません。

【審判確定後】

以下の通りです。 取り消し P155

種　類	成年被後見人	被保佐人	被補助人
取消権（日用品の購入その他日常生活に関する行為を除く）	常に取り消すことができる（民法9条）	同意またはこれに代わる許可を得ないでした行為は取り消すことができる（民法13条4項）	同意またはこれに代わる許可を得ないでした行為は取り消すことができる（民法17条4項）

Q3 通帳を後見人に預けてくれない場合はどうしたらいいですか？

A3 財産調査や財産管理のためには、本人の財産に関する資料を預からなければなりません。本人と良好な関係を築いて必要な資料をすみやかに用意してもらうことが望ましいですが、本人がさまざまな理由から通帳などの受け渡しを拒むことも考えられます。

どうしても通帳の受け渡しが難しい場合は、金融機関に「成年後見制度に関する届出 P67 」を行った上で、通帳の再発行を求めるのも一つの方法です。通帳を紛失しているときも同様です。

Q4 審判書はずっと持っていなくてはならないもの？

A4 審判書は、後見登記事項証明書が取得できるようになれば、特に使用する局面はありませんが、審判書に限らず、家庭裁判所から渡される書類は念のため手元に整理して保管しておきましょう。 参照 下記Q5

なお、後見登記事項証明書は、**法務局**でいつでも何度でも取得できます（所定の手数料が必要です）。発行後3か月以内のものを手元においておくと便利です。特に届出に駆け回ることになる最初のうちは、2～3通程度まとめて取得しておくとよいでしょう。

後見登記事項証明書 P 47

Q5 後見登記事項証明書が取得できる前にできることは？

A5 審判が確定してから後見登記事項証明書が取得できるまでには、法務局の処理などのため少し時間がかかります（審判が確定してからさらに1～2週間程度かかるイメージです）。一般的には後見登記事項証明書を取得してさまざまな手続を進めていくことになります。

何らかの事情から、後見登記事項証明書が取得できるようになる前に手続を進めたい場合には、家庭裁判所から「**審判確定証明書**」の発行を受け、それと審判書をセットにして証明書の代わりにするとよいでしょう。後見登記事項証明書は**法務局** P 48 、審判確定証明書は**家庭裁判所**でそれぞれ取得できます。

今日は法務局
明日は銀行と役所

1か月間
あちこち
走り回り

書類を作成！

よしっ！

わからないことは
家庭裁判所に
聞きながら…

はい、
それはですね

初回報告書
完成‼

ポストに投函

届出も終えて

…で
次は何をするの
かな？

ふー

76

第3章

成年後見人になって、日常的に行うこと

成年後見人の日常のお仕事

　さて、成年後見人に選任されて最初にやらなければならないことはひととおり終わりました。では、これから成年後見人は、具体的にどのように業務を行っていけばよいのでしょうか？

　この章では、成年後見人として行う日々のお仕事、基本のお仕事を確認します。

　まずは、後見人が本人を保護・支援するために日常的に行うべきことの基本を確認しましょう。

　後見人の業務は、大きく次の3つに分けられます。

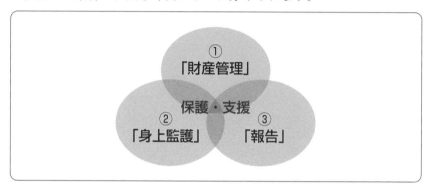

① **財産管理**とは、文字どおり、本人の財産を管理することです。

　具体的には、預貯金（通帳・カード）・保険・有価証券（株式など）の管理、不動産などの重要な財産の管理や処分（売買や賃貸借）、相続における手続（遺産分割への参加）、その他の収入（年金なども含む）・支出の管理などです。　財産管理 P80

② しんじょうかんご
　身上監護とは、本人の意思を尊重し、かつ、本人の心身の状態や生活の状況などにも配慮しながら、本人の生活や健康・療養等に関する支援をすることです。　身上監護 P94

　具体的には、本人の住居の確保、生活環境の整備、介護契約、施設等の入退所契約、病院での治療及び入院手続などの支援です。

③ 　後見人は、家庭裁判所からの求めに応じて、**報告書を提出**しなければなりません。報告書の提出についても、後見人の日常業務の一つといえます。　定期報告 P102

後見人の仕事ではないことを確認しましょう

　後見人は本人の代わりにさまざまなことを行う権利を持っていますが、下記の事項については、後見人の権限の範囲外とされています。

◎事実行為の代理

　本人の身の回りのお世話や介護、看護などの事実行為は、後見人の権限とはされていません。しかし、そのような介護、看護が必要である場合には、後見人として本人がそれらの支援を受けられるような契約を締結すべき義務があります（例：介護契約・医療契約）。

　なお、後見人が配偶者や親子、直系血族（父母、祖父母など）、兄弟姉妹の関係にある場合は法律上の扶養義務がありますので、後見人の権限としてではなく、配偶者や親子、直系血族、兄弟姉妹としてそれらを行う義務があります。参照 P97

◎身分行為の代理

　結婚、離婚、認知、養子縁組、遺言などの行為については、後見人が本人のために代理することがなじまない行為として、後見人の権限の範囲外とされています。

　本人が、本人の意思を持って結婚・離婚をしたい、養子縁組をしたいと意思表示している場合、これらの行為については本人が単独で法律行為を行うことができ、後見人の代理や同意は求められません。こうした身分にかかわる行為については、本人の意思がもっとも尊重されるべきであり、本人がこれらを行う意思をはっきりと持っているのであれば、それらについて後見人が代理したり同意したりという形で関与するのは性質上なじまない、という理由から後見人がこれらの行為を代理することはできないとされています。

第3章

② 財産管理の基本を確認しよう

　後見人は、不動産の権利証や契約書、証書類、通帳など、貴重品や重要な書類を預かり保管します。本人の財産をすべて把握した上で、日々の収入や支出を管理し、事情に応じて適切な管理・処分などを行います。

　給与や年金、保険、賃料収入などの入ってくるお金と、日々の生活費（食費・公共料金・消耗品費など）、税金、保険料、家賃支払いなどの出ていくお金を通帳や現金出納帳などで管理・チェックします。

　本人の現金や通帳・カードを全部預かってしまうと、本人が食料品や日常生活に必要なものすら買えなくなってしまいますので、大きな現金・預貯金は後見人が管理し、本人には必要な分だけ小口で現金を渡しておき、足りなくなったら補充するという形が一般的な管理方法です。

本人の財産の中から支出できるものを確認しましょう

　後見人の財産管理は、本人のために行われるものです。本人の財産を正しく管理することが非常に重要です。財産管理を行うにあたっては、本人の財産の中から支出できるものとできないものをそれぞれ把握し、理解をすることが大きなポイントになります。以下、問題になりやすい代表的な事例を確認してみます。

(1)　後見人としての仕事に要した交通費

　後見人の職務遂行のために病院や施設等に出向く際の電車代・バス代等の交通費は本人の財産から支出することが認められます。しかし、お見舞いに来た親族へのいわゆる「車代」は基本的には本人の支出としては認められません。

(2)　ご祝儀やお香典など

　本人の身内や親しい友人への慶弔に関する支出（お香典やご祝儀など）については、常識の範囲内の金額であれば認められるものと思われます。ただし、本人の財産状況やそれらの者との関係性なども踏まえた総合的かつ慎重な判断が必要であり、誰もが納得できる形でなければならないと考えられています。

(3)　送迎や介護のための自動車購入

　基本的には認められません。ただし、自動車がなければどうしても生活が困難で、他の交通手段と比較しても合理的と認められるような事情があれば例外的に認められる可能性はあります。

(4)　親族などに対する贈与

　子供などに対して成年被後見人である本人が金銭などを贈与するという行為は原則として認められません。本人の財産を減少させる行為だからです。たとえそれが相続税対策の観点から有効であったとしても、そもそも相続税対策というものは本人のためではなく、相続人のためであると見ることもできます。

　毎年渡していたお年玉については、それが常識の範囲内の金額であれば例外的に認められると考えられています。

　判断に迷ったときは、連絡票などで家庭裁判所に確認をするようにしましょう。家庭裁判所からハンドブックや手引きが配布されている場合は、Ｑ＆Ａなどに書かれていることも多いので、まずはそちらを確認してみましょう。問い合わせをするときは、誰の案件か家庭裁判所がわかるように、事件番号を伝えると親切です。

　事件番号　Ｐ43　　　確認の方法　Ｐ93

　本人の財産の中から管理する収支を把握したら、次に、口座で管理する収入・支出と、現金で管理する収入・支出を整理しましょう。このとき、今まで現金で預かったり支払ったりしていたもののうち、口座で管理できるものは口座振替や引き落としに変更してしまうという方法が、以後の財産管理を考えるとおすすめです。

口座で管理するものの一例	現金で管理するものの一例
〈収入〉 年金収入　家賃収入 各種手当　配当金 〈支出〉 介護利用料　　公共料金 施設利用料　　保険料　　税金	〈支出〉 医療費 日常の生活費（食費、雑費、被服費等） 後見人の経費（交通費、事務費等） 本人の小遣い

　最初のお仕事で作成した年間の収支予定表をもとに、口座で管理をするか、現金で管理をするかなど、管理方法についてのルールを決めてメモしておくと、財産管理を整理するのに役立ちます。

収支予定表 P 62

4 口座の管理をしよう

　後見人は本人から通帳及び銀行印を預かり、管理します。金融機関には成年後見制度に関する届出を行います。　届出 P68

　不要な口座がある場合は解約をするなどして整理してしまうことも検討します。ただし、ペイオフ対策は考えておく必要があります。
　ペイオフとは？ P89

　通帳やキャッシュカードは紛失しないように自宅の金庫などで大切な書類と一緒に保管するようにしましょう。

　また、本人の収入について、後見人個人の口座や第三者の口座に振り込ませたり、入金したりすることは避け、本人の収入であることが明確に確認できるよう後見人の届出をした本人の口座で管理するようにしましょう。

こまめに記帳

　管理している通帳は、こまめに記帳をするようにしましょう。できれば、最低でも月に一度、財産管理に関する作業をする日を決めて、その日に記帳と現金管理用の現金の引き出しを行うのが良いでしょう。

15日は
口座管理の日

　👆 ちょっと復習　**預貯金口座の管理**

　金融機関において後見人が行う業務については、通帳を発行した支店以外では取り扱ってくれない場合があります。口座のある金融機関が遠方の場合は、キャッシュカードを作る・メインの支店を移し変えるなど工夫して、なるべく簡潔に後見人がやりやすい方法で管理しましょう。

通帳には鉛筆でメモをしましょう

　記帳した通帳には、お金の動きに関してそれぞれ用途などを鉛筆でメモをしておくようにするとよいでしょう。

通常貯金 (兼お借入明細)　　　　　　　　　　　　2

年月日	取扱店	お預り金額	お支払金額		現在高・貸付高	
03-07-08	01032	小口現金　本人小遣い用		60,000	＊ 3,168,701	01▶
						02▶
03-07-10		(○○○ケアセンター)	自払	7,001	＊ 3,161,700	03▶
03-07-12		(カイゴ○○○)	自払	550	＊ 3,161,150	04▶
03-07-25		(住診料他)	自払	522	＊ 3,160,628	05▶
03-07-31		(国民健康保険料)	保険	5,640	＊ 3,154,988	06▶
03-08-09	01032	タカダタロウ	送金	80,000	＊ 3,074,988	07▶
03-08-09	01032	小口現金　本人小遣い用		60,000	＊ 3,014,988	08▶
						09▶
03-08-12		(○○○ケアセンター)	自払	5,977	＊ 3,009,011	10▶
03-08-12		(カイゴ○○○)	自払	550	＊ 3,008,461	11▶
03-08-15		年金　　223,000	トキヨウサイクミアイ　ネン		＊ 3,231,461	12▶

(07-25行欄外メモ: 3.7.24 立替えてもらった分)

年月日	取扱店	お預り金額	お支払金額		現在高・貸付高	
03-08-15	00214	保険　　163,850			＊ 3,395,311	13▶
		キソトキョウサイ			＊＊＊	14▶
03-08-20	01064	カード	弁当代7月分	31,620	＊ 3,363,691	15▶
						16▶
03-08-25		(住診料他)	自払	522	＊ 3,363,169	17▶
03-09-02		(国民健康保険料)	保険	5,640	＊ 3,357,529	18▶
03-09-10		(○○○ケアセンター)	自払	7,001	＊ 3,350,528	19▶
03-09-12		(カイゴ○○○)	自払	550	＊ 3,349,978	20▶
03-09-12	01032	カード	弁当代8月分	31,620	＊ 3,318,358	21▶
03-09-12	01032	小口現金　本人小遣い用		80,000	＊ 3,238,358	22▶
						23▶
						24▶

5 現金の管理をしよう

　現金の管理で最も注意しなければならないのは、本人の現金を後見人のものと一緒にして混同してしまわないことです。本人の財産から支出してよいものとそうでないものをしっかりと頭に入れて、入出金についても慎重に管理する必要があります。混同しないようにするために、後見業務専用のお財布やポーチなどを用意するとよいでしょう。

　ポーチに、現金とレシートや領収書、現金出納帳などを入れて管理するのも一つの方法です。こまめに現金出納帳に記入し、レシートや領収書も整理すると安心です。　現金出納帳 P86

本人には小口現金を

　基本的には、後見人が本人の財産を管理することになりますが、本人の手元に一切お金を置かない形を取ってしまうと、日用品の購入など日常生活にも支障をきたすおそれがあります。

　そこで、一定の少額の現金を本人の手元に置いておくという方法が一般的です。日常生活において発生する支出についてはそこから出してもらい、足りなくなったら後見人が補充するという形です。

　ただし、あくまで少額の現金にとどめるとともに、これらの支出についてもこまめに管理することが後見人には求められます。

現金出納帳を作成しましょう

　管理している現金を使用したり、本人の口座から現金を引き出したりしたときは、現金の動きを必ず現金出納帳につけるようにしましょう。

　処理をしないで放置してしまうとわかりづらくなる一方ですので、できるだけこまめに管理するようにしましょう。

■現金出納帳の書き方一例

年月日	項　　　　　目	収入（円）	支出（円）	残高（円）
令和 3.9.30	バス代		200	1,500
3.10.1	新宿信用金庫新宿支店より引出	100,000		101,500
3.10.3	歯科治療		2,000	99,500
3.10.3	タクシー代		1,500	98,000
3.10.4	おむつ代		1,000	97,000
3.10.5	被後見人の小遣い		30,000	67,000
3.10.10	弁当代		5,000	62,000
3.10.10	ヘルパー代		10,000	52,000
3.10.11	切手代		500	51,500

日付を記載しよう

口座から引き出したときはこのように

残高を記載しよう

　レシートや領収書は現金出納帳に記入を終えたらノートやファイルに貼り付けて管理するなど、自分が使いやすいもので整理しておくと後から見直すこともできて便利です。現金出納帳は市販の家計簿や小遣い帳を使うと便利です。　参照 P88

6 その他の財産の管理をしよう

　後見人は、本人の現金・預貯金だけでなく、すべての財産を管理しなければなりません。それぞれの財産の管理方法を確認しておきましょう。

郵便物の管理

　郵便物自体は財産ではありませんが、財産管理や身上監護に関する郵便物の管理は後見人の仕事を行う上で非常に重要です。健康保険や介護保険、各種税金、療養費の支払いなど、それぞれの手続をスムーズに行うために、市区町村役場や年金事務所、保険会社、証券会社などには各種納付書や通知を後見人宛に送付してもらうよう、送付先の変更手続をしておくと便利です。　届出 P67

　一定の要件を満たし家庭裁判所が必要と認める場合には、後見人のもとへの郵便物の転送手続きを裁判所に請求することができます。

空き家の管理

　本人が施設に入所した場合など、空き家となっている自宅の管理も、後見人の大切なお仕事の一つです。最低でも月に一度はポストや郵便受けの確認をしたり、空き家の風通しをしたりするなど、できるだけ本人がいつ戻ってもいいように管理をするようにしましょう。

　ただ、長い間空き家のままにしておくというのも、安全面や老朽化への対策、固定資産税の負担などが気になるところです。本人が施設や病院から自宅に戻る見込みがなくなった場合には、売却や空き家の活用について検討をするのも一つの選択肢です。　売却 P144　賃貸 P151

身分証明書など各種証明書の管理

運転免許証や各種保険証、障害者手帳、年金手帳など、本人の身分証明書も、基本的にはその他の貴重品や重要な書類とともに後見人が管理するようにしましょう。

不動産の管理

不動産の権利証や契約書などの書類も後見人が本人から預かり、管理します。また、不動産を所有している場合は固定資産税の支払い、賃貸借の場合は家賃の入金管理なども後見人が行いましょう。

自動車の管理

本人名義の自動車も管理します。今後使用する見込みがない場合は、維持費等の兼ね合いから売却することも選択肢の一つでしょう。

財産管理に困ったとき

日々の財産管理でわからないことが出てきたときや、判断に迷ったときは、ハンドブックや手引きを確認したり、必要に応じて家庭裁判所に相談するようにしましょう。 相談の方法 P93 後見監督人が選任されている場合は、後見監督人に相談をしましょう。 後見監督人 P115

👆 ちょっと確認 資料整理のコツ

市販の取扱説明書ファイルなどポケットの大きいファイルが便利です。ポケットが大きいものであればまとめて書類を入れられます。

これらのファイルを利用すれば役所関係の書類、病院関係の書類などの仕分けがしやすくなります。普段持ち歩く現金専用のポーチや、通帳や印鑑用のポーチ、裁判所提出書類のファイルなど、自分が使いやすいものを利用して自分なりのルールを作って管理するとよいでしょう。

Q1 ペイオフってなに？

A1 銀行や信用金庫などの金融機関が破たんした場合に、一定の金額（保険金）が預金保険機構から預貯金者に支払われる仕組みのことです。1つの金融機関につき1人の預貯金者あたり元金1,000万円とその利息が保護されます。保護の基準を超える部分については破たんした金融機関の経済状況に応じて支払いがなされます。

■**保護される預金等の範囲**

<table>
<tr><th colspan="2">預金等の分類</th><th>保護の範囲</th></tr>
<tr><td>決済用預金</td><td>当座預金・利息のつかない普通預金等</td><td>全額保護</td></tr>
<tr><td>一般預金等</td><td>利息のつく普通預金・定期預金・定期積立・元本補てんのある金銭信託（ビッグなど）等</td><td>金融機関ごとに元本1,000万円までとその利息等を保護</td></tr>
<tr><td colspan="2">外資預金、元本補てんのない金銭信託（ヒットなど）、金融債（保護預かり専用商品以外のもの）等</td><td>保護対象外</td></tr>
</table>

第3章

Q2 ペイオフの対策って？

A2 後見人は、ペイオフにも気をつける必要があります。本人が保有している預貯金が預金保護制度の保護の対象から外れていないかどうか、もし、外れている場合、その金融機関が破綻する可能性は高くないかどうか、検討する必要があります。場合によっては、預金保護制度の保護の範囲内におさまるように、預貯金を分配して複数の金融機関で管理する必要が出てくるかもしれません。全額が保護の対象となる無利息の決済口座を作成するのも選択肢の一つです。 口座の管理 P83

Q3 本人の財産の中に株がある場合はどうすればいいの？
投資性の高い金融商品の契約はどうしたらいいの？

A3 いくら「本人のことを考えて…」といっても、本人の利益を増やすことを目的として証券取引や先物取引を行ったり、リスクを伴う金融商品を購入したりすることは後見人の職務として認められないと考えられています。

基本的には本人の財産を"静的に"安定して管理することが後見人には求められます。

ただし、持っている株式の相場が急落している、あるいは、急落することが予想されるという場合には、処分する必要があります。有価証券などの金融商品が本人の財産の中にある場合は、特に注意しておく必要があります。

Q4 同居している家族の生活費はどうすればいい？

A4 本人の財産から支出できる費用は、原則として本人の生活・療養看護及び後見事務にかかる費用などに限られます。後見人が自由に本人の財産を使うことができるわけではありません。

したがって本人の財産から親族の生活費を支出するということは原則的には認められません。ただし、本人が扶養の義務を負っている配偶者や未成年の子に対する生活費などについては、例外的に支出できるものと考えられます。判断が微妙なケースもありますので、本人以外の生活費などの支出を行う場合は、事前に家庭裁判所に相談をし、OKしてもらった金額を支出するようにしましょう。

相談の方法 P 93

Q5 日々の立替金はどうすればいい？

A5 本来であれば本人にかかるお金は本人の財産から支出すべきですが、日々の業務において、急な支出（入院費など）に迫られて後見人が費用を一部立て替えて支払う、ということが発生することもあります。このような立替金が複数発生すると、精算も煩雑になってしまいますので、すみやかに精算を済ませるようにしましょう。また、親族が後見人になっている場合は、扶養義務の範囲内の支出であれば精算しない（本人に負担させず親族の負担とする）という選択肢も考えられます。

Q6 もし、本人の財産を後見人が自分のために使ってしまったらどうなるの？

A6 後見人になった以上、「本人の財産はあくまで本人の財産であり、後見人の財産ではない」という認識を強く持って管理する必要があります。

万が一、後見人に使い込みなど不正な行為や著しい不行跡があれば、家庭裁判所は後見人解任の審判をすることがあります。また、後見人が不正な行為によって本人に損害を与えた場合には、その損害を賠償しなければなりません。

さらに、場合によっては背任罪、業務上横領罪等の刑事責任を問われることもあります。

Q7 後見人の仕事って報酬をもらうことができるの?

A7 後見人は、行った後見事務について本人から報酬を受け取ることができます。しかし、後見人が本人の財産から勝手に金額を決めてお金を引き出すということはできません。後見人に報酬を与えるべきかどうか、そして、その額をいくらにするかどうかというのは、家庭裁判所が審判で定めます。

　審判は、後見人が報酬付与の申立てをすることによって行われます。この申立ては、家庭裁判所への定期報告と併せて行うことが多いです。報酬付与の申立書に必要事項を記入し、800円の収入印紙と、切手を用意して提出します。用意する切手の額は、家庭裁判所によって異なるので、事前に確認をしましょう。申立書のひな型は、管轄の家庭裁判所で受け取ることができるほか、家庭裁判所のホームページからダウンロードすることもできます。参照 P108

Q8 本人のお金がなくなってしまったらどうするの?

A8 本人のお金が底をついてしまった場合、後見人が代わりに本人の生活費などを負担しなければならないのでしょうか。

　そのような場合に、後見人自身が負担をする義務はありません。

　ただし、本人の扶養義務者は本人を扶養する義務があるので、後見人が扶養義務者に当たる場合には、後見人としてではなく、扶養義務者として負担をするということは考えられます。

　しかし、その場合においても、扶養義務者の生活を犠牲にしてまで負担をする義務があるということではないので、他に方法がない場合には生活保護などの公的扶助を検討するということになります。

**コラム** 家庭裁判所への問い合わせの方法

　財産管理に限らず、後見人としての仕事を進めていく中で、家庭裁判所に相談や確認をしたい事柄が出てくることは少なくありません。気になることや判断に悩むことが出てきたときは、まずは家庭裁判所から配布されるハンドブックや手引きなどをよく読んでみましょう。それでも問題が解決しない場合には、裁判所に相談をしてみましょう。相談の方法については、各家庭裁判所でルールが定められている場合が多いです。ハンドブックや手引き、審判書とともに送られてくる案内を読んで問い合わせの方法を確認のうえ、相談するようにしましょう。東京家庭裁判所では、所定の「連絡票」に記載のうえ、郵送もしくはFAXで送信します。

　電話で問い合わせをする場合は、事件番号と本人の氏名や住所をすぐに答えられるようにしておくとスムーズです。

■**連絡票サンプル（東京家庭裁判所の場合・抜粋）**

基本事件番号　令和２年（家）第12345号
東京家庭裁判所　後見センター御中
　　　　　　　　連　絡　票
　　　　　　　　令和３年９月30日
　　　　　（本人　　　山田　松子　　　　）
　　　　　後見人　　　近藤　竹子　　　　　　㊞近藤
　　　　　住所　東京都新宿区四谷七丁目７番７号
　　　　　電話番号　090－1234－○○○○

　下記のとおり連絡いたします。
　　　　　　　　　　記

8 身上監護の基本を確認しよう

　本人が適切な環境で適切な医療や介護を受けることができるように配慮し、またそのための手配をすることを総称して「身上監護」といいます。この身上監護は、財産管理と並び、後見人の大切な仕事の一つです。

後見人の仕事の基本　P78

　例えば、自宅で生活をしていた本人の健康状態が悪化してしまい、介護に関するサービスを受ける必要が生じた場合は、後見人は本人に代わって適切なサービスを探し、契約を締結します。

　在宅での生活が困難になってしまった場合なども同様で、本人が施設を探したり、実際に施設と契約をしたりすることができませんので、後見人がそれらの手続を本人の代わりに行います。

　ただし、これらについては後見人の単独の判断で行うわけではなく、あくまで本人の意思を前提とするのが原則です。身上監護は、本人の意思になるべく沿う形で行うべきものであるからです。後見人は、可能な限り本人の意思をくみ取るよう配慮します。

　では、具体的にどのように身上監護をしていけばよいのか、その基本を次ページ以降で確認しましょう。

■**代表的な身上監護**

・医療に関する契約の締結　　**P97**

・介護に関する契約の締結　　**P98**

・要介護・要支援認定の申請　　**P98**

・住居の確保に関する契約の締結　　**P100**

・施設への入退所に関する契約の締結　　**P130**

・リハビリに関する契約の締結

・見守り行為

94

現在の状況を確認しましょう

　まずは本人の現在の状況を改めて確認しましょう。本人は今、どのような状況でどのような生活支援が必要な状態なのでしょうか。適切な支援・サービスは受けられているでしょうか。

　ケアマネジャーがついている場合は、ケアマネジャーにあいさつをし、必要な情報をヒアリングしましょう。後見人として適切な支援を行っていくためには、ケアマネジャーとの間で本人に関する情報を共有しておくことが非常に重要です。　ケアマネジャー P99

地域の福祉制度を理解しましょう

　次に大切なのが、地域の福祉制度を理解することです。いわゆる介護サービスだけではなく、社会福祉協議会などによる、高齢者や障がい者など地域において何らかの支援が必要な方をサポートする制度が存在します。　相談窓口 P32

　実際に福祉サービスの利用援助、日常的な金銭管理サービス、重要書類の預かりなどの支援が行われています。

　市区町村役場の窓口に出向いて確認をするなど、こうした情報を積極的に取り寄せ、本人が適切な支援が受けられるようにするというのも後見人の役割の一つです。

　福祉制度については日々法改正なども行われており、これらの情報は、こちらから積極的に情報を仕入れる姿勢でいないとなかなか入ってこないものです。市区町村役場の担当者は福祉制度のプロです。積極的に本人の状況の相談をしながら、情報も仕入れるようにしましょう。

第3章

 **コラム** 成年後見以外の便利な制度：日常生活自立支援事業

　成年後見制度を利用するまでもないけれど、日常生活においてちょっとした支援を受けたい。

　そのような方におすすめの制度が、社会福祉協議会が窓口となっている**日常生活自立支援事業**です。

　福祉サービスの利用援助や、お小遣い程度の金銭管理などをしてもらうことができます。費用も廉価です（例：日常金銭管理サービス1回1時間1,000円程度、書類預かりサービス1か月1,000円程度など〈東京都の例〉）。しかし、あくまでも「本人が契約すること」が前提になるので、契約する判断能力がない場合は、法定後見（後見・保佐・補助）を利用せざるをえません。

　これらを上手に利用して、判断能力が落ちてしまったら法定後見制度へ、という使い方ができればスムーズです。

　詳しくは地域の社会福祉協議会に確認しましょう。 参照 P32

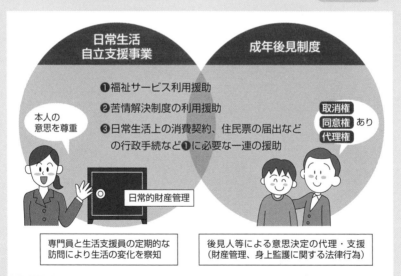

身上監護 ① 医療のこと

　後見人は、本人が医療を受けるための契約を締結する権限を持っています。本人がどのような医療行為（手術、検査、治療など）を受けるべきか自分で判断できない場合には、後見人が本人のために適切な医療行為を受けられるよう手配する必要があるのです。

　ただし、最終的に医療行為を受けることそのものについては、本人が同意することが必要です。医療を受けるか否か、ということについては、原則として本人のみに同意をする権利があり、たとえ後見人であっても同意をする権限を有しないと考えられるからです。したがって、例えば手術などを行うことについては後見人には同意権がないとされています。

　しかし、健康診断や検査など軽微な医療行為については、後見人にも同意権があると考えられています。　後見人と身元保証人 P131

後見人と身元保証人 P131

成年後見人としての立場と親族としての立場

　このように、後見人には医療行為について同意する権利は原則としてありません。しかし、親族が後見人となっている場合は、親族の立場として同意権を有していることもあります。

　親族が後見人となっている場合は、親族としての立場と後見人としての立場の双方を後見人が有していることになります。

　親族後見人は、それぞれの立場でできること、行うべきことを分けて考えておくとよいでしょう。

身上監護❷ 介護のこと

　本人に介護が必要な状態の場合は、適切な介護が受けられるよう手配し、介護に関する契約を締結するのも後見人の仕事です。介護保険制度を利用して介護サービスを受けるためには、まず最初に**要介護・要支援認定**を受ける必要があります。後見人は、本人に代わって要介護・要支援認定の申請を行うことができます。介護サービスの一般的な利用の流れを確認しておきましょう。

介護サービスの一般的な利用の流れ

①要介護認定の申請

　要介護認定申請は、本人の住所地の市区町村役場の窓口に要介護・要支援認定申請書を提出して行います。申請書には介護保険被保険者証または健康保険被保険者証を添付します。

②要介護度の結果通知

　申請に基づいて訪問調査や審査が行われ、最終的に介護の必要性の度合いに応じて「非該当」「要支援1・2」「要介護1〜5（5が最も介護の必要性が高い認定）」という結果が通知されます。申請から認定通知までは約1か月程度かかります。この結果に応じて利用できる介護保険の利用限度額と内容が決まります。

　なお、認定の結果に対して納得がいかない場合は不服申立てができます。

③ケアプランの作成

　介護保険制度を利用して介護サービス・介護予防サービスを受けるためには、ケアプランを作成する必要があります。

　ケアプランとは、本人が介護サービス・介護予防サービスを適切に

利用することができるよう、心身の状況、生活環境等を勘案し、サービスの種類、内容、利用スケジュール、実施者などを定めた計画のことで、一般的にはケアマネジャーとともに作成します。

ケアプラン作成の際には、後見人も立ち会い、本人や後見人の希望も反映させながら行うことが望ましいとされています。最終的には、原則として本人の承諾が必要です。

④契約の締結・サービスの利用
ケアプランに基づき、介護サービス・介護予防サービスを利用します。

⑤要介護認定の更新・変更
要介護認定には有効期間があります。引き続きサービスを利用したい場合は、更新の手続が必要です。また、介護の程度が変わったときには、変更の手続を行いましょう。

本人が障がい者の場合は、市区町村役場の障害福祉担当窓口に申請の手続を行い、必要な支援・サービスを受けられるよう手配します。

👍 ちょっと確認　ケアマネジャーとは？

ケアマネジャー（介護支援専門員）とは、介護保険サービスを利用する方などの相談に応じ、利用者の希望や利用者の状況を考慮したうえで、適切な在宅・施設サービスを受けられるようケアプランを作成したり、関係機関との連絡や調整を行ったりする者のことです。

一般的には、介護保険施設や居宅介護支援事務所に勤務しています。

身上監護 ③ 居所のこと

　後見人は、本人のために、必要に応じて居住する不動産の賃貸借契約や居住する施設等への入所契約を締結する権限を持っています。本人が自宅で生活を続けていくことが困難な場合には、後見人は本人のために適切な居所を確保する必要があります。

　ただし、最終的に居所をどこに定めるかということについては、本人が同意することが原則です。したがって、例えば、本人が施設に入所することを拒否する場合には、後見人が入所を強制することは基本的にはできないとされています。

　安全面や衛生面などの観点から、施設への入所が適切だと思われる場合には、本人を説得することが後見人には求められます。

施設への入所 P120

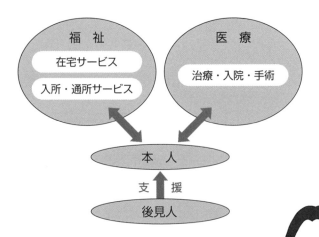

　判断能力がなく、本人の意思を確認することが難しい場合でも、できうる限り、本人の希望をくみ取り、想像し、その意思に沿うよう配慮しましょう。

9 もっと知りたい 身上監護 Q & A

Q1 介護・福祉に関する専門家の役割を知りたいのですが…。

A1 介護・福祉・医療の現場にはさまざまな専門家が存在します。後見人として本人を支援していく中で接することも多いので、それぞれの役割を確認し、必要に応じて各専門家を積極的に活用するとよいでしょう。

【介護・福祉に関する代表的な専門家】

(1) ケアマネジャー ［ケアマネジャー P99］

(2) 社会福祉士

　日常生活を営むことに支障がある人の福祉に関する相談に応じ、助言、指導、福祉サービス提供者・医師その他保健医療サービス提供者その他の関係者との連絡及び調整その他の援助を行う。

(3) 介護福祉士

　障がいがあることにより日常生活を営むことに支障がある人の介護を行い、また、本人や介護者に対して介護に関する指導を行う。

(4) 精神保健福祉士

　精神的な障がいがある人の社会復帰に関する相談に応じ、助言や指導、日常生活への適応のための必要な訓練、その他の援助を行う。

(5) 医療相談員（医療ソーシャルワーカー）

　主に医療機関において、患者や家族の心理的・社会的問題、経済的問題を解決できるよう援助したり、退院・社会復帰の援助を行ったりする。

第3章

⑩ 裁判所へ定期報告をしよう

　後見人は、家庭裁判所から求めがあったときには、家庭裁判所に対して、**後見事務に関する報告書**を提出しなければなりません。後見人が本人のために適切に業務を行っているかどうか、チェックするためです。

　実際の取り扱いは家庭裁判所によっても異なりますが、就任当初に家庭裁判所から送付されてくる書類に報告時期についての指示があることが一般的です。おおむね１年に１度が目安とされています。基本的に、都度家庭裁判所から案内があるわけではないので、忘れないように注意しましょう。

　後見人は、報告書に報告事項を記載して、家庭裁判所に提出するという流れになります。報告する内容は、本人の生活状況、財産状況、収支の変動、今後の見通しなどです。なお、後見事務に関する報告書の書式は、家庭裁判所ホームページからもダウンロードすることができます。

　また、報酬付与の申立てをする際は、同じタイミングで報酬付与の申立書を提出するとよいでしょう。

　報酬付与の申立書 P108

　後見事務に関する報告書は、家庭裁判所の窓口に提出する方法でも、郵送する方法でも構いません。後日家庭裁判所から問い合わせがある場合に備えて、提出した書類のコピーを手元に保管しておくようにしましょう。

👆 ちょっと確認　　**スムーズに報告を行うために**

　後見事務について１年分の報告を行うというのは、それなりに大変な作業です。後見事務報告書の提出を求められてから焦ることがないよう、日頃から財産状況や収支状況については、特にこまめに整理しておくとよいでしょう。また、後見業務や本人の状況について日誌・日記をつけておくと報告の際に役立ちます。

開始事件 事件番号　　令和2年（家）第12345号　【本人氏名：　山田　松子　　　　　　】

後見等事務報告書

（報告期間：令和2年10月1日～令和3年9月30日）

令和　3年　10月　10日

事件番号 **P43** 、本人氏名を記入します。

初回報告から約1年後が提出の目安です。

住　所　　東京都新宿区四谷七丁目7番7号

☑成年後見人
□保佐人
□補助人　近藤　竹子　　　　　㊞

本人の健康状態や財産状況に変化があるか否かを記入します。

日中連絡のつく電話番号　090-1234-○○○○

1　本人の生活状況について　（全員回答してください。）

(1)　前回の定期報告以降，本人の住所又は居所に変化はありましたか。

　□　以下のとおり変わらない　　☑　以下のとおり変わった

　　（「以下のとおり変わった」と答えた場合）住所又は居所が変わったことが確認できる資料
　　（住民票，入院や施設入所に関する資料等）を，この報告書と共に提出してください。

　　【住民票上の住所】
　　　　東京都新宿区よつば一丁目1番1号

　　【現在，実際に住んでいる場所】（入院先，入所施設などを含みます。）
　　　　東京都新宿区よつば一丁目1番1号

(2)　前回の定期報告以降，本人の健康状態や生活状況に変化はありましたか。

　□　変わらない　　☑　以下のとおり変わった

　　　　新宿よつばホームに入居しました。

2　本人の財産状況について

　　（財産管理に関する代理権が付与されていない保佐人・補助人は回答不要です。）

(1)　前回の定期報告以降，定期的な収入（年金，賃貸している不動産の賃料など）に変化はありましたか。

　☑　変わらない　　□　変わった

　　（「変わった」と答えた場合）いつから，どのような定期的な収入が，どのような理由により，
　　1か月当たりいくらからいくらに変わりましたか。以下にお書きください。また，額が変わった
　　ことが確認できる資料をこの報告書と共に提出してください。

変わった時期	変わった収入の種類	変わる前の額（1か月分/円）	変わった後の額（1か月分/円）	変わった理由	額が変わったことの分かる資料
年　　月					
年　　月					
年　　月					

※年金など2か月に1回支払われるものについても，1か月あたりの金額を記載してください。

－ 1 －

第3章

(2) 前回の定期報告以降、1回につき10万円を超える臨時の収入（保険金、不動産売却、株式売却など）がありましたか。
　　□ ない　　☑ ある
　　（「ある」と答えた場合）いつ、どのような理由により、どのような臨時収入が、いくら入金されましたか。以下にお書きください。また、臨時収入があったことが確認できる資料をこの報告書と共に提出してください。

収入があった日	臨時収入の種類	収入額（円）	収入があった理由	収入の裏付資料
3・8・31	土地建物売却代金	30,000,000	自宅不動産を売却したため	売買契約書
・　・				
・　・				

(3) 前回の定期報告以降、本人が得た金額は、全額、今回コピーを提出した通帳に入金されていますか。
　　☑ はい　　□ いいえ
　　（「いいえ」と答えた場合）入金されていないお金はいくらで、現在どのように管理していますか。また、入金されていないのはなぜですか。以下にお書きください。
　　_____
　　_____
　　_____

(4) 前回の定期報告以降、定期的な支出（生活費、入院費、住居費、施設費など）に変化はありましたか。
　　□ 変わらない　　☑ 変わった
　　（「変わった」と答えた場合）いつから、どのような定期的な支出が、どのような理由により、1か月当たりいくらからいくらに変わりましたか。以下にお書きください。また、額が変わったことが確認できる資料をこの報告書と共に提出してください。

変わった時期	変わった支出の種類	変わる前の額（1か月分/円）	変わった後の額（1か月分/円）	変わった理由	額が変わったことの分かる資料
令和3年8月	施設費	0	200,000	新田総合病院よりつばホームに入居したため	入所契約書
年　月					

(5) 前回の定期報告以降、1回につき10万円を超える臨時の支出（医療費、修繕費、自動車購入、冠婚葬祭など）がありましたか。
　　□ ない　　☑ ある
　　（「ある」と答えた場合）いつ、どのような理由により、どのような臨時支出が、いくら出金されましたか。以下にお書きください。また、臨時支出があったことが確認できる資料をこの報告書と共に提出してください。

支出があった日	臨時支出の種類	支出額（円）	支出があった理由	支出の裏付資料
3・8・30	入院費	550,000	新田総合病院に入院していたため	領収書
3・8・31	施設入所費	8,000,000	新田よつばホームに入居したため	入所契約書
3・8・31	自宅売却経費	2,500,000	自宅不動産を売却したため	領収書
・　・				

- 2 -

施設へ入居した、不動産を売却したなど特別な事情により収支に変動があれば参考資料をつけて報告します。

特別なお仕事 第4章

────────

以降、本人の財産から、本人以外の人（本人の配偶者、親族、後見人自身を含める）...益となるような支出をしたことがありますか。

...えた場合）誰のために、いくらを、どのような目的で支出しましたか。以下にお...また、これらが確認できる資料をこの報告書と共に提出してください。

...費について　（保佐人、補助人のみ回答してください。）
(1) 前回の定期報告以降、同意権を行使しましたか（今後、行使する予定がありますか。）。
　　□ 行使していない（予定していない）　　□ 行使した（予定がある）
　　（「行使した（予定がある）」と答えた場合）その時期と内容はどのようなものですか。以下にお書きください。また、これらが確認できる資料をこの報告書と共に提出してください。
　　_____
　　_____

(2) 前回の定期報告以降、取消権を行使しましたか（今後、行使する予定がありますか。）。
　　□ 行使していない（予定していない）　　□ 行使した（予定がある）
　　（「行使した（予定がある）」と答えた場合）その時期と内容はどのようなものですか。以下にお書きください。また、これらが確認できる資料をこの報告書と共に提出してください。
　　_____
　　_____

4　あなたご自身について　（全員回答してください。）
次の(1)から(3)までについて、該当するものがありますか。
(1) 他の裁判所で成年後見人等を担任されたことがありますか。
　　☑ ない　　□ ある
(2) 裁判所で破産の手続をとったことがありますか。
　　☑ ない　　□ ある
(3) あなた自身や、あなたの配偶者、親又は子が、本人に対して訴訟をしたことがありますか。
　　☑ ない　　□ ある

5　その他　（全員回答してください。）
上記報告以外に裁判所に報告しておきたいことはありますか。
　　☑ 特にない　　□ 以下のとおり

※ □がある箇所は、必ずどちらか一方の□をチェック（レ）するか、又は数字をつぶしてください。
※ 完成したら、裁判所に提出する前にコピーを取って、次回報告まで大切に保管してください。
※ 報告内容に不明な点などある場合は、必要な資料が提出されないなどの場合には、詳しい調査人や監督人を選任することがあります。

- 3 -

■財産目録サンプル（東京家庭裁判所）

開始事件 事件番号 令和2年（家）第12345号　　　【 本人氏名：　山田　松子　　　　　　　　】

財　産　目　録　（令和3年9月30日現在）

令和3年10月5日 作成者氏名　　　近藤　竹子　

本人の財産の内容は以下のとおりです。

1　預貯金・現金

金融機関の名称	支店名	口座種別	口座番号	残高（円）	管理者
新宿信用金庫	新宿支店	普通預金	12341234	22,027,583	後見人
新宿信用金庫	新宿支店	定期預金	12345678	5,000,000	後見人
ゆうゆう銀行	神楽坂支店	普通預金	10000-1000000	2,543,657	後見人
ひかり銀行	新宿支店	普通預金	32132132	5,020,003	後見人
		支援信託			
		支援預貯金			
	現　金			105,204	後見人
合　計				34,696,447	
前回との差額				19,675,692	（増・減）

（2から7までの各項目についての記載方法）
・初回報告の場合→すべて右の□をチェックし、別紙も作成してください。
・定期報告の場合→財産の内容に変化がない場合は左の□にチェックしてください。該当財産がない場合には、（　）内の□
　　　　　　　　　にもチェックしてください。
　　　　　　　　　財産の内容に変化がある場合→右の□にチェックした上、前回までに報告したものも含め、該当する
　　　　　　　　　項目の現在の財産内容すべてを別紙にお書きください。

2　有価証券（株式，投資信託，国債，外貨預金など）
☑ 前回報告から変わりありません（□該当財産なし）　　　□ 前回報告から変わりました（別紙のとおり）

3　不動産（土地）
□ 前回報告から変わりありません（□該当財産なし）　　　☑ 前回報告から変わりました（別紙のとおり）

4　不動産（建物）
□ 前回報告から変わりありません（□該当財産なし）　　　☑ 前回報告から変わりました（別紙のとおり）

5　保険契約（本人が契約者又は受取人になっているもの）
☑ 前回報告から変わりありません（□該当財産なし）　　　□ 前回報告から変わりました（別紙のとおり）

6　その他の資産（貸金債権，出資金など）
☑ 前回報告から変わりありません（☑該当財産なし）　　　□

7　負債（立替金など）
☑ 前回報告から変わりありません（☑該当なし）　　　□ 前回報告から変わりました（別紙のとおり）

前回から変更がある項目が
ある場合には、別紙を作成
し、資料を提出します。

■財産目録サンプル　別紙（東京家庭裁判所）

（別紙）

前回までに報告したものも含め、現在の財産内容すべてを記入します。

2　有価証券（株式，投資信託，国債，外貨預金など）

種　類	銘柄等	数量（口数，株数，額面等）	評価額（円）
株式	ひがしの商事	500株	1,000,000
合　計			1,000,000

3　不動産（土地）

所　在	地　番	地　目	地積（㎡）	備　考
なし				令和3.8売却

4　不動産（建物）

所　在	家屋番号	種　類	床面積（㎡）	備　考
なし				令和3.8売却

5　保険契約（本人が契約者又は受取人になっているもの）

保険会社の名称	保険の種類	証書番号	保険金額（受取額）（円）	受取人
すずらん生命	生命保険	12F-345678	3,000,000	後見人
さかき損害保険	損害保険	123-123	1,000,000	本人

6　その他の資産（貸金債権，出資金など）

種　類	債務者等	数量（債権額，額面等）
なし		

7　負債（立替金など）

債権者名（支払先）	負債の内容	残額（円）	返済月額・清算予定
なし			
合　計			

事件番号 **P43** 、本人氏名を記入します。

開始(選任)事件 事件番号令和２年(家)第１２３４５号 【本人氏名： 山田 松子 】

収支状況報告書

（報告期間：令和２年１０月１日～ 令和３年９月３０日）

令和３年１０月１日 作成者氏名 近藤 竹子 〔近藤〕

1 収入

区分，内容	金額（円）	入金口座
【定期収入】		
年金（国民・遺族厚生）	1,920,000	新宿信用金庫新宿支店
年金（その他 ）		
賃料		
親族の立替・援助		
株等の配当金	25,692	新宿信用金庫新宿支店
その他（ ）		
その他（ ）		
その他（ ）		
（小計）	1,945,692	
【臨時収入】 （医療還付金等があればこの欄に記載）		
不動産売却金	30,000,000	新宿信用金庫新宿支店
保険金		
その他（ ）		
その他（ ）		
その他（ ）		
A 合計	31,945,692 円	

2 支出

区分，内容	金額（円）	引落口座
【定期支出】		
生活費（水道・光熱費を含む）	720,000	新宿信用金庫新宿支店
施設費	400,000	
医療費		
所得税		
住民税		
固定資産税	100,000	
保険料（介護保険料・国民健康保険料等）		
住居費（家賃・住宅ローン等）		
その他（ ）		
その他（ ）		
その他（ ）		
その他（ ）		
（小計）	12,270,000	
【臨時支出】		
手術費用		
施設入所一時金	8,000,000	
後見人報酬		
その他（ 自宅売却経費 ）	2,500,000	
その他（ 入院費 ）	550,000	
その他（ ）		
B 合計	12,270,000 円	
A－B＝	19,675,692 円	

東京家庭裁判所は、家庭裁判所から求められた場合のみ、作成・提出します。

第3章

■報酬付与の申立書サンプル（東京家庭裁判所）

指定月＿＿月

受付印	☑ 成年後見人　□ 保佐人　□ 補助人　□ 未成年後見人 □ 監督人（□成年後見　□保佐　□補助　□任意後見 □ 未成年後見）に対する報酬付与

ここに収入印紙800円分を貼り、84円切手を同封します。報酬請求にかかる費用は申立人の負担となります。

この欄に収入印紙800円分を貼る。

収入印紙　　800円		500	300	（貼った印紙に押印しない）
予納郵便切手　84円				

事件番号を記入します。

準口頭	基本事件番号	□ 平成 ☑ 令和	2 年（家　）第　12345　　号

東京家庭裁判所　　御中 　　　□立川支部 令和 3 年 10 月 10 日	申立人の記名押印	近藤　竹子	近藤

添 付 書 類	☑ 報酬付与申立事情説明書　□ 後見等(監督)事務報告書　☑ 財産目録 ☑ 預貯金通帳の写し等　□ ※後見登記事項に変更がある場合は ☑ 住民票　□ 戸籍抄本

申 立 人	住所 又 は 事 務 所	〒 164 － 0004　　　　　電話　03（2345）6789 東京都新宿区四谷七丁目 7 番 7 号
	氏 名	近藤　竹子

※申立人欄は窓空き封筒の申立人の宛名としても使用しますので、パソコン等で入力する場合は

ここに記入したものが、報酬額を決定した審判が郵送されてくるときの送り先として使われるので、正確に記入しましょう。

本 人	住 所	〒 162 － 0○○× 東京都新宿区よつば一丁目 1 番 1 号
	氏 名	山田　松子

申立ての趣旨	申立人に対し，相当額の報酬を与えるとの審判
申立ての理由	別添報酬付与申立事情説明書のとおり

家庭裁判所が約1年間の作業量を考慮して決定した金額がここに記入されて郵送されてきます。

裁判所使用欄

1　申立人に対し □就職の日
□平成
□令和　年　月　日 から □終了の日
□平成
□令和　年　月　日 までの

報酬として，本人の財産の中から ［　　］ 万 000 円（内税）を与える。

2　手続費用は，申立人の負担とする。
令和　　年　　月　　日
東京家庭裁判所　□家事第1部　　□立川支部
　　　　　裁判官

	告　知
受告知者 告知方法	申立人 □住所又は事務所に謄本送付 □庁において謄本交付 　裁判所書記官

親族後見人の方はあえて報酬を請求しない、という選択もあります。請求をするもしないも自由です。

R1.10 版

108

■報酬付与申立事情説明書サンプル　1枚目（東京家庭裁判所）

事件番号を記入します。

基本事件番号　□平成　　　　2　年（家）第　1 2 3 4 5　号　本人　山田　松子
　　　　　　　□令和

報酬付与申立事情説明書

第1　報酬付与申立時点において管理する流動資産の額（※1万円未満切り上げ）

1　現預金（※後見制度支援信託による信託財産を含まない。）金　　　3 4 6 6　万円

2　後見制度支援信託による信託財産　　　　　　　　　　　　金　　　　　　　　万円

3　株式，投資信託等の金融資産（時価額）　　　　　　　　　金　　　　1 0 0　万円
　　（※保険，商品券，非上場株式等はここに含めないでください。）

第2　報酬付与申立期間（以下「申立期間」という。）及び申立期間中の収支

☑就職の日　　　　　　　　　　　　　□終了の日
　　　　　　　　　　　　　　　　｝から｛　　　　　　　　　　　　　　　　｝まで
□平成　　　年　月　日　　　　　　　□平成　　3年　9月　30日
□令和　　　　　　　　　　　　　　　☑令和

申立期間中における本人の収支は，　　　1 9 6 8　万円（※1万円未満切り上げ）の
（☑黒字　□赤字）である。

第3　付加報酬の請求

□　付加報酬は求めない。

☑　後見人等が本人のために行った，次頁以下にチェックした行為について，付
　　加報酬を求める。

□　監督人が（□本人を代表した　□同意した），次頁以下にチェックした行為
　　について，付加報酬を求める。

> 例えば居住用不動産を売ったなど、老人ホームの入居手続をしたといった特別な仕事をした場合は、この「付加報酬」欄に記入することによって報酬額にある程度反映されます。記載しなかった場合は何も加味されませんのでご注意ください。
>
> **特別なお仕事 第4章**

（　　　　　　　　　　する前に必ずお読みください）

　　為について付加報酬を求めるときは，所定の箇所にチェックした上で，付
　　行為の内容を分かりやすく簡潔に記載してください（監督人が付加報酬を
　　監督人として行った事務内容を具体的に記載してください。）。

　　に裁判所に報告済みの事情であっても，それについて付加報酬を求める場
　　以下に記載してください。その際に，本件申立て前に裁判所に提出した報
　　る場合は，作成日付及び表題によって報告書等を特定してください。

　　載とは別に文書を作成し，それを別紙として引用する場合も，その文書に
　　る行為の内容を特定してください。業務日誌をそのまま別紙として引用
　　報酬を求める行為が特定できないため，報酬を付加することができません。

　　付する場合は，付加報酬を求める行為の裏付けとなり得るものを厳選して
　　た。また，それぞれに①，②などと番号を付した上で，付加報酬を求める
　　の対応関係が明らかになるようにしてください。

4　付加報酬を求める行為は，原則として申立期間中の行為に限られ，本人の経済的利益額
　も，原則として申立期間中に現に得たものに限られます。申立期間より前の行為により申
　立期間中に経済的利益を得た場合はその旨を明記し，申立期間中の行為につき申立期間内
　に経済的利益を得ていない場合は，次頁以下の1ないし6ではなく7に記載してください。

- 1 -

第3章

□1　訴訟手続における訴訟行為（添付資料＿＿，＿＿，＿＿参照）
　※　非訟手続等を含みます。なお、申立期間中に確定判決等を得た又は受けていない場合は、後記7に記載してください。
　(1)　事案の概要は、□備考欄のとおり　□添付資料＿＿（訴状、判決書等）のとおり　□　　年　　月
　　　日付け報告書のとおり
　(2)　訴訟行為は、□申立人が行った　□申立人が委任した弁護士が行った
　(3)　申立期間中、申立人による出廷や打合せの回数ない し内容、相手方の応訴姿勢、作成した書面の通数
　　　等の具体的事情は、□備考欄のとおり　□別紙のとおり　□特筆すべき事項なし。
　(4)　かかる訴訟行為の結果、申立期間中に本人が現に得た（又は減少を免れたことによる）経済的利益額
　　　（判決、和解等に基づく回収額等）は、＿＿＿＿＿＿万円（申1万円未満切り上げ）であった
　　　（備考）

□2　調停及び審判手続における対応（添付資料＿＿，＿＿，＿＿参照）
　※　遺産分割調停及び審判を含みます。なお、相続放棄の申述は、後記7に記載してください。
　(1)　事案の概要は、□備考欄のとおり　□添付資料＿＿（調停調書、審判書等）のとおり　□　　年　　月
　　　日付け報告書のとおり
　(2)　調停等の対応は、□申立人が行った　□申立人が委任した弁護士が行った　□監督人が行った
　(3)　申立期間中、申立人による出廷や打合せの回数ないし内容、相手方の対応姿勢、作成した書面の通数
　　　等の具体的事情は、□備考欄のとおり　□別紙のとおり　□特筆すべき事項なし。
　(4)　かかる対応の結果、申立期間中に本人が現に得た（又は減少を免れたことによる）経済的利益額（調
　　　停、審判等に基づく回収額）は、＿＿＿＿＿＿万円（申1万円未満切り上げ）であった
　　　（備考）

□3　遺産分割協議、示談等の手続外合意における対応（添付資料＿＿，＿＿，＿＿参照）
　※　事指相続による遺産の受入処理を含む。後記7に記載してください。
　(1)　事案の概要は、□備考欄のとおり　□添付資料＿＿（協議書等）のとおり　□　　年　　月日付け
　　　報告書のとおり
　(2)　協議等の対応は、□申立人が行った　□申立人が委任した弁護士が行った　□監督人が行った
　(3)　協議等を主宰し、協議書等の案を作成したのは、□申立人である　□申立人ではない
　(4)　申立期間中、協議成立に向けて申立人が行った作業（相手方の対応姿勢、協議等の回数ないし内容等の
　　　具体的事情は、□備考欄のとおり　□別紙のとおり　□特筆すべき事項なし。
　(5)　かかる対応の結果、申立期間中に本人が現に得た（又は減少を免れたことによる）経済的利益額（協
　　　議、合意等に基づく回収額等）は、＿＿＿＿＿＿万円（申1万円未満切り上げ）であった
　　　（備考）

☑4　不動産の任意売却（添付資料①，②，③参照）
　(1)　不動産業者には、□依頼していない　☑依頼したところ、その業者は以下の作業を行った
　　　売買の仲買
　(2)　申立期間中、申立人は、不動産の任意売却のために以下の作業（相手方との交渉、業者対応、現地確
　　　認、居住用不動産処分許可申立て及びそれらにおける困難事情等を含む。）を行った

- 2 -

> 後見人が行った行為について、該当の箇所にチェックの上、わかりやすく簡潔に記載し、資料を提出します。資料にはわかりやすくナンバリングをするようにしましょう。

＿＿により、申立期間中に本人が現に得た経済的利益額（売却による収益額等）は、
＿＿＿＿＿＿万円（申1万円未満切り上げ）であった

＿＿手続（添付資料＿＿，＿＿，＿＿参照）
＿＿のために収集した書類、資料等は、□添付資料＿＿（請求書等）に明記されていると
＿＿（一一に収集した書類等なし）　□以下のとおり　□特になし

＿＿手続における困難事情等（保険会社との交渉の有無、その経過等）は、□以下のとお

＿＿により、申立期間中に本人が現に得た経済的利益額（保険金取得による収益額等）
　は、＿＿＿＿＿＿万円（申1万円未満切り上げ）であった

□6　不動産の賃貸管理（添付資料＿＿，＿＿，＿＿参照）
　(1)　賃貸物件の概要（種類）、物件数、賃借人数等は、□添付資料＿＿のとおり　□以下のとおり

　(2)　不動産業者には、□依頼していない　□依頼したところ、その業者は以下の作業を行った

　(3)　申立期間中、申立人は、不動産の賃貸管理として以下の作業（賃借人との契約の手続、賃料回収、資料入
　　　金確認、修繕手配及び確認及びそれらにおける困難事情等を含む。）を行った

　(4)　不動産の賃貸管理により、申立期間中に本人が現に得た経済的利益額（賃料収入による収益額等）は、
　　　＿＿＿＿＿＿万円（申1万円未満切り上げ）であった

□7　その他の行為（添付資料＿＿，＿＿，＿＿参照）
　(1)　上記1ないし6以外に、申立人が後見人等の通常業務の範囲を超えて行った、本人の財産管理、身上監
　　　護に関する行為（親族や本人との対応、不正等への対応、本人死亡に伴う対応等を含む。）は、□備考欄
　　　のとおり　□別紙のとおり
　　　※　別紙を用いる場合も、その別紙には通常業務の範囲を超えて行った作業を特定して記載してください。業務日誌をそのまま添
　　　付として引用した場合は、付加報酬を求める行為が特定できないため、報酬を付加することはできません。
　(2)　上記(1)の行為により、申立期間中に本人が現に得た　□経済的利益額は、＿＿＿＿＿＿万円（申1万
　　　円未満切り上げ）であった　□経済的利益は観念できない
　　　（備考）

以　上

- 3 -

11 後見制度支援信託・預貯金を利用するときのお仕事

本人の預貯金などの資産が多額な場合に、後見制度支援信託・預貯金の利用を家庭裁判所から提案されることがあります。ここで、その概要や利用方法について確認しましょう。 参照P35

後見制度支援信託とは

信託とは、特定の者（「委託者」といいます。）が、特定の者（「受託者」といいます。）に対し、自分の財産の所有権を移転し、受託者が信託の目的にしたがって、利益を受ける者（「受益者」といいます。）のために信託財産を管理・運用・処分する制度です。「委託者」と「受益者」が同一である場合もあります。これを後見制度に利用したものが「後見制度支援信託」です。親族後見人が直接的に管理する財産の量を減らし、私的流用等を防ぐ効果があります。

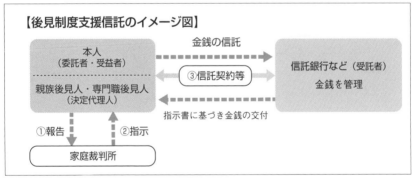

【後見制度支援信託のイメージ図】

※補助・保佐・任意後見では後見制度支援信託を利用できません。

後見制度支援信託を簡単に説明すると、本人の財産を2つに分け、日常的には使用しないお金にカギをかけて簡単に引き出せないようにし、日常生活に必要となるお金（300万〜500万円程度）のみを普段使いの口座で後見人が管理するものです。預けた財産は元本が保証され、預金保険制度の対象にもなります。

第3章

親族を後見人候補者として成年後見の申立てをした場合などに家庭裁判所から後見制度支援信託や、後見制度支援預貯金の制度の利用を案内されることがあります。案内をされたからといって必ず利用しなければならないわけではありませんが、断った場合は後見監督人が裁判所の判断で選任される場合があります。　後見監督人 P115

後見制度支援信託を利用するまでの流れ

　裁判所が「後見制度支援信託の利用が望ましい」と判断したケースにおいて、親族後見人が了承した場合に、専門職後見人（司法書士や弁護士等）が成年後見人として選任され、信託銀行等と信託契約を締結します。そして、指示のあった金額を信託銀行等に預け入れた後、専門職後見人は機を見て辞任し、親族後見人へバトンを渡し、親族後見人が単独で成年後見人業務を行うという形が一般的です。

後見制度支援信託の特徴

　後見制度支援信託の特徴は以下のとおりです。

☐　信託の対象となるのは金銭のみ。

☐　後見監督人（裁判所の職権で選任）へ毎年報酬を支払う（本人の財産から支払う）よりは全体的な支出が低額で済む。
　　※信託契約時10〜20万円程度＋運用報酬（無料の金融機関あり）。

☐　信託契約・信託に関する家庭裁判所への報告書の提出は専門職後見人が行う。

☐　被保佐人・被補助人・任意後見制度の本人は利用できない（成年被後見人・未成年被後見人のみが対象）。

☐　信託期間は、原則的に本人の死亡まで。

後見制度支援預貯金とは

　後見制度支援預貯金とは、後見制度支援信託と同様、本人の財産を2つに分け、日常的に使うことのないまとまった金額は簡単に引き出せないようにして、日常生活に必要な金額のお金を後見人が管理していく仕組みです。「預貯金」であること以外は後見制度支援信託と同じ趣旨のものです。後見制度支援信託との相違点は以下のとおりです。

	後見制度支援信託	後見制度支援預貯金
取り扱う金融機関※	信託銀行等	信用金庫、信用組合、農業協同組合、都市銀行と地方銀行の一部
利用開始の手続を行う人	弁護士や司法書士等の専門職後見人（報酬が必要）。利用開始手続を終えると親族後見人に後見業務を代わることが多い。	必ずしも専門職である必要はなく、親族後見人でも行うことができる。（申立時から利用を検討するケースでは専門職後見人が想定されている。）
注意点	最低受託金額、費用（管理報酬・手数料等）、手続が窓口のみか郵送で可能かなどが金融機関によって異なる。	預け入れ金額の下限がない。手数料や費用は金融機関により異なる。基本的に窓口でしか手続ができない。

※取り扱う金融機関は東京家庭裁判所後見センターのサイトで確認できます。

収入より支出が多くなってしまったり、緊急の払戻しが必要な場合

　後見制度支援信託や後見制度支援預貯金を利用している場合で、後見人が管理している日常生活用の口座にあるお金では足りない場面が生じることがあります。そのような場合には家庭裁判所に報告書を出すことによって、必要な金額を後見人が管理する日常生活用の口座に移してもらう指示書をもらうことができます。

第3章

例えば施設入居費用や医療費などで大きな金額の払戻しが必要になったときや、施設に支払う費用が増えたという場合などです。前者の場合は一時金を、後者の場合は「定期交付金」といって、例えば３か月などの一定の期間ごとに一定の金額を後見人が管理する預貯金口座に自動送金してもらうよう、契約時に設定してもらうことができます。

■家庭裁判所に提出する一時金交付の報告書（東京家庭裁判所）

開始事件番号　令和2年（家）第 12345 号

住所　東京都新宿区よつば一丁目１番１号

（現に居住する住居，施設等の住所を記載する。）

成年被後見人　山田松子

報　告　書　（一時金交付）

東京家庭裁判所　□立川支部　御中

令和3 年 4 月 1 日

成年後見人　近藤竹子　㊞

ひかり信託 銀行を受託者とする信託契約につき，下記のとおり一時金の交付が必要であると考えますので，報告します。

記

1　交付請求額　金　８００万　円

2　理　　　　由　新宿よつばホームの入所 に必要なため

3　交付請求日　指示の日から３週間以内の日
（初日不算入，最終日が祝日の場合は翌営業日）

4　添付資料
(1)　交付請求額及び理由の相当性を疎明する書類
(2)　受託者から受領した直近の信託財産状況報告書
(3)　成年後見人が管理している成年被後見人名義の預貯金通帳の写し

監督事件番号　　年（家）第　　　号（基本事件　　　年（家）第　　　号）

指　示　書　（一時金交付）

職権により，上記報告書のとおり一時金交付の請求をすることを指示する。

年　　月　　日

東京家庭裁判所　□家事第１部　□立川支部

裁判官

以　上

家庭裁判所連絡先：　　－　　　－

12 後見監督人がついたときのお仕事

後見監督人とは、後見人の職務を監督する者のことです。

家庭裁判所は、必要があると認めるときは、本人、その親族もしくは後見人の請求により、または職権で、後見監督人を選任することができるとされています。 後見制度支援信託 P111

後見監督人が選任されるケースを見てみましょう

下記のいずれかに該当する場合には、家庭裁判所の職権で後見監督人が選任される可能性が高くなります。

■後見監督人が選任される可能性が高い事例

□ 親族間に意見の対立がある場合

□ 資産の額や種類が多い場合

□ 不動産の売買や生命保険金の受領など、申立ての動機となった課題が重大な法律行為である場合

□ 遺産分割協議など後見人等と本人との間で利益相反する行為について後見監督人等に本人の代理をしてもらう必要がある場合

□ 後見人と本人との間に高額な貸借や立替金があり、その清算について本人の利益を特に保護する必要がある場合

□ もともと、後見人と本人との関係が疎遠であった場合

□ 賃料収入など、年によっては大きな変動が予想される財産を保有するため、定期的な収入状況を確認する必要がある場合

□ 本人について訴訟・調停・債務整理等、法的手続を予定している場合

□ 本人の財産状況が不明確であり、専門職による調査を要する場合

後見監督人が選任されたときのお仕事

　後見監督人が選任されると、後見人は、家庭裁判所と後見監督人という二重の監督のもとに置かれることになります。

　基本的に後見人が行う業務に変わりはありませんが、後見監督人の同意が必要とされている行為もあります。後見人としての業務について、後見監督人に適宜相談するなど、後見監督人との連携を密にとるようにしておくとよいでしょう。

　また、後見監督人が選任されている場合、財産の調査、財産目録の作成等をするときは、後見監督人の立会いが必要とされています。

　初回報告 P64　　　定期報告 P102

　いずれにしても、まず後見監督人から後見人に連絡があり、後見業務についての打合せがあるのが一般的です。後見監督人が選任された場合は、後見監督人と連絡を取り合いましょう。

　後見監督人は、家庭裁判所が選任します。一般的には弁護士、司法書士、社会福祉士など専門家が選ばれることが多いです。

　後見監督人が選任された場合は、基本的に後見監督人の指示に従って手続を行いましょう。

　ちょっと確認　**後見監督人の業務**

　後見監督人は、後見人が行う事務を監督します。それ以外にも、重要な財産の処分行為に関する同意権や、後見人解任の申立てを行う権利などもあります。また、本人と後見人の利害が対立した場合に本人を代理します。　参照 P136　　同意権 P135・143・149・151

116

13 もっと知りたい 後見監督人 Q & A

Q1 後見監督人が選任されたかどうかはいつわかるの？

A1 後見監督人が選任される場合は、審判が下りる前に家庭裁判所から連絡があることが一般的です。

また、審判書には、後見監督人が選任された旨と、その住所や氏名が記載されることになります。

■審判書（後見監督人が選任された場合）サンプル（東京家庭裁判所）

令和2年（家）第12345号　後見開始の審判申立事件
令和2年（家）第12364号　成年後見監督人選任事件（職権）

審　判

住　所　東京都新宿区四谷七丁目7番7号
　　　　　申立人　近藤竹子
本　籍　東京都新宿区神楽坂七丁目7番7号
住　所　東京都新宿区神楽坂七丁目7番7号
　　　　　本　人　山田松子
　　　　　　　　　　　　　　　　　　　昭和15年7月7日生
本件について，当裁判所は，その申立てを相当と認め，次のとおり審判する。

主　文

1　本人について後見を開始する。
2　本人の成年後見人として申立人を選任する。
3　本人の成年後見監督人として次の者を選任する。
　　　事務所　東京都新宿区本塩町11丁目11番11号
　　　住　所　東京都新宿区新宿11丁目11番11号
　　　氏　名　児島澄江
4　手続費用のうち，申立手数料，後見登記手数料，送達・送付費用は本人の負担とし，その余は申立人の負担とする。

令和2年○月△日
　　東京家庭裁判所家事第1部　裁判官　法務太郎

これは謄本である。
令和2年○月△日
　　東京家庭裁判所家事第1部　裁判所書記官　法務次郎　　印

第3章

難しい事態が山積みだ！

月々の後見人の
仕事にも慣れたころ

10日に支払い

5日に記帳

そろそろ「あの件」に手を
付けなくては…
それは…

実家の一部は、亡くなった父
の名義のままになっています

母は認知症が進み、
施設に入ることに

でも入所には
お金がかかるので
自宅を売却する予定です

新宿よつばホーム

そして自宅を
売却したら、
確定申告が必要に
なってきます

確定申告

まだまだわからない
ことだらけ…

再び勉強よっ!!

第4章

成年後見人になって、特別なときに行うこと

成年後見人の特別なお仕事

　成年後見人として最初に行うべきこ
とと、日常的な業務について確認しま
した。次に、日常的な業務ではありま
せんが、発生する可能性のある業務に
ついて確認していきます。

　成年後見人の基本的なスタンスを思
い出しながら、一つずつ対応していき
ましょう。

① 施設に入所したいとき

　本人が自宅で生活することが困難になってきた場合は、施設の利用を検討する必要があります。後見人は、本人に代わって施設への入所契約を締結することになります。それぞれの施設の概要や特徴を事前に調べて、本人にとって最適な施設を選ぶように心がけましょう。

　下の図表は、介護施設や老人ホームの分類と月額費用の相場を表したものです。

■介護施設・老人ホームの月額費用イメージ

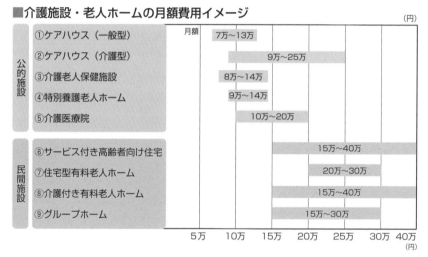

※月額費用には、居住費、食費、介護サービス費、その他の日常生活費等が含まれます。
※月額費用の相場は2021年4月に改定された介護報酬に基づき算出しています。
※要介護3で介護保険の自己負担割合が1割の方を想定しています。
※施設によって入居一時金等の初期費用が別途かかります。

　なお、後見人には本人のために施設等への入所契約を結ぶ権限がありますが、実際の施設への入所は、あくまで本人の意思を前提とするものであり、入所を強制することはできませんので注意しましょう。

老人ホームなど施設の種類を確認しよう

　介護施設や老人ホームは、運営主体、目的や入居条件などによりさまざまな種類があります。前ページの図にもあるように、大きく分けると、主に自治体や社会福祉法人・医療法人などが運営する**公的施設**と、民間企業などが運営している**民間施設**があります。

　公的施設は入居基準が決まっているため、介護度や利用目的に合わせて施設を選ぶことになります。また、民間施設に比べ、月額利用料が比較的安価に抑えられており、所得や資産等が一定以下の場合でも施設利用が困難とならないよう居住費・食費の軽減制度が適用されるところもあります。

　民間施設は入居基準や料金の仕組みが施設により異なります。そのため、細かい条件を確認する必要があります。退去基準についても施設により異なるので、入居時に合わせて確認する必要があります。

　本人にどのような施設が適しているかは、自治体の介護相談窓口（地域包括支援センター）や担当のケアマネジャーに相談をしながら確認するとよいでしょう。

　それぞれの施設の特徴を次ページ図表に簡単にまとめました。

　施設を選択するにあたっては、利用料等と本人の資産や年間の収支との兼ね合いもポイントになります。
　それぞれの施設を利用する場合の収支シミュレーションも行いながら、候補を絞り込んでいくとよいでしょう。

■介護施設・老人ホームの比較表

	施設名	入居基準	初期費用 (円)	費用負担 (円)	介護※2 サービス	看取り
公的施設	①ケアハウス (一般型)	60歳以上 自立〜	保証金 (0〜30万)	7万〜 13万	なし	×
	②ケアハウス (介護型)	要介護1〜※1	入居一時金 (数十万〜数百万)	9万〜 25万	あり	施設に よる
	③介護老人保健 施設［老健］	要介護1〜	なし	8万〜 14万	あり	○
	④特別養護老人 ホーム［特養］	要介護3〜	なし	9万〜 14万	あり	○
	⑤介護医療院	要介護1〜	なし	10万〜 20万	あり	○
民間施設	⑥サービス付き 高齢者向け住宅 ［サ高住］	60歳以上 自立〜	敷金 (10万〜25万)	15万〜 40万	なし	施設による
	⑦住宅型有料 老人ホーム	施設による	入居一時金 (0円〜数千万)	20万〜 30万	なし	
	⑧-1 介護付き 有料老人ホーム (混合型)	施設による	入居一時金 (0円〜数億)	15万〜 40万	あり	
	⑧-2 介護付き 有料老人ホーム (介護専用型)	要介護1以上			あり	
	⑨グループホーム	要支援2以上 認知症	入居一時金 (0円〜数百万)	15万〜 30万	あり	

［ ］は略称です。入居基準、費用等は2021年現在のものです。
※1 要支援から入居可能な施設もあります。
※2 介護サービス：24時間介護士が常駐し介護サービスを受けられる施設には「あり」とし、施設
　　外の訪問介護やデイサービスなどを別途契約し、介護を受けられる施設には「なし」としました。
　　介護サービスの料金は、「あり」の施設では介護度によって定額制、「なし」の施設では利用し
　　た分に応じたサービス料となります。
※3 看取り：平成27年度介護報酬改定の効果検証及び調査研究に係る調査を参考に、6割以上の施
　　設が取り組んでいるものは「○」、基本的に介護度の軽い方が入居する施設のため看取り対応を
　　していないものは「×」としました。

公的・民間施設の種類と特徴を確認しよう

公的施設を確認しましょう

公的な施設は主に次の５種類になります。

①ケアハウス（一般型）

　一人暮らしに不安のある60歳以上（夫婦の場合、どちらか一方が60歳以上）の方が入居できる施設です。比較的低価格で利用でき、食事、掃除、洗濯等の生活支援や、緊急時の対応などのサービスが受けられます。

　介護サービスを受ける場合は、外部の訪問介護やデイサービス等と別途契約して利用することになります。

【注意点】介護度が重くなったり、慢性的な医療ケアが必要となった場合、退去しなければいけないことがあります。

【おすすめの方】介護度が低く、費用を抑えたい方。

②ケアハウス（介護型）

　一人暮らしに不安のある要介護１以上の方が入居できる施設です。一般型のサービスに加えて、食事、入浴、排泄の介助やレクリエーションなどの介護サービスが受けられます。介護士が24時間365日常駐しています。介護度が重くなった場合でも住み続けることができ、看取りに対応している施設もあります。

【注意点】入居一時金は低いところから高いところまで、幅がある。

【おすすめの方】同じ場所で長く暮らしたい方。

③介護老人保健施設〔老健〕

　リハビリや介護を必要とする要介護１以上の方が自宅などに戻ることを目的とする施設です。介護士だけではなく、医師、看護師、

リハビリ専門職が配置されていて、食事、入浴、排泄などの介助に加え、専門職によるリハビリや、医療ケアも受けられます。目安として３～６か月程度の一時的な入所になり、入所中に退所後の生活を整える必要があります。

【注意点】３か月ごとに入所継続または退所の判定が行われます。

【おすすめの方】リハビリを目的として在宅復帰を目指す方。

④特別養護老人ホーム［特養］

介護保険法上は「介護老人福祉施設」と呼ばれる施設です。

自宅での介護が困難な要介護３以上（特例の要介護１・２）の方が生活することを目的として入所する施設です。食事、入浴、排泄の介助や、機能訓練、レクリエーション、療養上の世話などの介護サービスが受けられます。**従来型とユニット型**があり、従来型は４人部屋などの多床室が多く、施設全体で介護を行います。ユニット型は個室がメインで10人程度の少人数を１グループとして介護を行います。従来型よりユニット型のほうが費用は割高になります。

日常生活を送ることが目的なので介護士がメインですが、医師や看護士も配置されています。比較的低額で介護度が重い方でも入所できる施設です。

【注意点】慢性的な医療ケアが必要な方は入居できない場合がある。

【おすすめの方】要介護３以上で看取りまでゆっくり暮らしたい方。

⑤介護医療院

慢性的な医療ケアが必要な要介護１以上の方が終のすみかとして日常生活を送る施設です。食事、入浴、排泄などの介助や、機能訓練、レクリエーションなどの介護サービスに加え、医師や看護師が

配置されているので、痰の吸引やインスリン注射、終末期医療などの医療的ケアも受けられます。

　地域とのつながりを持つために、地域住民やボランティアとの交流や季節ごとの行事などが盛んに行われる施設も多いです。

　介護医療院はⅠ型とⅡ型の2つの形態があり、Ⅰ型の方がⅡ型に比べて重い疾患を持っている方が対象になります。

【注意点】公的施設の中では比較的費用が高くなる。

【おすすめの方】要介護1以上で慢性的な医療ケアが必要な方。

民間施設を確認しましょう

　民間の施設は主に次の5種類になります。

⑥サービス付き高齢者向け住宅［サ高住］

　原則60歳以上の方向けのバリアフリー対応の賃貸住宅です。見守りシステムや訪問による安否確認と、資格をもった相談員が生活全般をサポートしてくれる生活相談サービスが受けられます。

　入浴、排泄、食事などの介助サービスを受ける場合は、外部の訪問介護やデイサービスと別途契約して利用することになります。認知症や医療ケアの程度など入退所の基準は運営会社により異なるので、条件を確認しましょう。

　権利金、礼金、更新料等の徴収は法律で禁止されているため、かかりません。

　入居の契約は「建物賃貸借契約」もしくは「終身建物賃貸借契約」を結びます。入居に際しては居住用不動産処分許可の申立てが必要とされる場合もありますので、事前に家庭裁判所に確認をしましょう。

参照 P153

第4章

【注意点】運営会社や施設により介護基準やサービスのクオリティが異なる。

【おすすめの方】介護度が低く、自由度を求める方。

⑦住宅型有料老人ホーム

入居の基準は施設により異なります。食事、掃除、洗濯等の生活支援や、緊急時の対応などのサービスが受けられます。入浴、排泄、食事などの介助サービスを受ける場合は、外部の訪問介護やデイサービスと別途契約して利用することになります。認知症や医療ケアの程度など入退所の基準は運営会社により異なるので細かく条件を確認しましょう。

居住の権利形態は、「利用権方式」が多くそれに基づいた「入居契約」を結びます。

【注意点】運営会社により介護基準やサービスのクオリティが異なる。

【おすすめの方】介護度が低く、自由度を求める方。

⑧－1 介護付き有料老人ホーム（混合型）

入居の基準は施設により異なりますが、自立や要支援から入居可能な施設です。掃除、洗濯など身の回りのお世話に加え、介護が必要になった場合は、食事、入浴、排泄などの介助や、機能訓練、レクリエーションなどの介護サービスを受けられます。介護士が24時間365日常駐しています。介護度が重くなった場合でも住み続けることができ、看取りに対応している施設もあります。

【注意点】レクリエーションや介護の人員配置などにより、かかる追加費用に注意が必要。

【おすすめの方】 要支援から入居し、同じ場所で長く暮らしたい方。

⑧-2 介護付き有料老人ホーム（介護専用型）

　要介護1以上の方が入居できる施設です。掃除、洗濯など身の回りのお世話に加え、食事、入浴、排泄などの介助や、機能訓練、レクリエーションなどの介護サービスを受けられます。

　介護士が24時間365日常駐していて、24時間看護師常駐や、看取りにも対応している施設が増えてきています。基準以上の手厚い介護体制により、その分費用が高くなる傾向があります。

【注意点】 入居時に退所基準と初期費用の償却方法についてよく確認すること。

【おすすめの方】 要介護1以上で費用を気にせず希望の暮らしや介護を求める方。

⑨グループホーム

　医師により「認知症」と診断を受けている、要支援2以上の方が入居可能な施設です。施設と同じ市区町村に住民票があることが条件になります。5～9人の小規模なグループで共同生活をし、食事の支度、掃除、洗濯などは介護士が入居者と一緒に行います。

　認知症介護の専門的な知識と技術を持った介護士が配置され、認知症の方にあった日常生活のお世話から精神的なケアを行います。介護度が重くなった場合でも住み続けることができ、看取りに対応している施設もあります。

【注意点】 共同生活が苦手な人は向かない可能性がある。

【おすすめの方】 要支援2以上で、認知症で家事をするなど、アットホームな暮らしを求める方。

第4章

適切な施設の選び方

　介護施設や老人ホームをどのように選んだらいいのでしょうか。本人にとって適切な施設を効率よく見つけるためのステップをＡさんの事例をもとにご紹介します。

> Ａさん：要介護３で認知症。慢性的な医療はなし。入居一時金はゼロで介護サービスがあり、看取りまで対応している施設を探している。

ステップ１　入居基準と症状・状態を照らし合わせる　参照 P122

　利用を検討している方の症状や状態と、施設ごとの入居基準を照らし合わせて、入居できる施設を検討しましょう。

［公的の場合］ ケアハウス（介護型）、特別養護老人ホーム

［民間の場合］ サービス付き高齢者向け住宅、介護付き有料老人ホーム、
　　　　　　　　グループホーム

ステップ２　希望条件を書き出す

　かけられる費用・介護サービスの有無・地域などについて条件をあげ、その中から譲れない条件３つ程度にまで絞ります。

［公的の場合］ 特別養護老人ホーム

［民間の場合］ 介護付き有料老人ホーム（入居金なし）

ステップ３　施設の情報収集をする

　公的施設、民間施設、それぞれについて情報を収集します。

［公的の場合］ 担当ケアマネジャーに聞く、インターネットで情報を収
　　　　　　　　集する

［民間の場合］ 民間の介護施設紹介会社を利用する、インターネットで
　　　　　　　　情報を収集する

ステップ4　集めた施設情報を比較する

公的施設、民間施設、それぞれで比較するポイントが異なります。

[公的の場合] 立地、レクリエーションの頻度、看取り体制を確認する

[民間の場合] 月額費用および追加費用、人員体制、入退所基準、初期
費用の償却方法、立地、看取り体制を確認する

ステップ5　見学・体験入居をしてみる

いくつかの施設を見学し、1〜2つの施設に絞ったら、体験入居してみましょう（公的施設は同じ施設で行っているショートステイ、民間施設は体験入居）。体験は1日ではなく、2〜3日をおすすめします。

見学や体験入居の際にチェックするポイントは以下になります。

- □　清潔度・整理整頓のチェックする（浴槽・脱衣所、トイレ、掲示物の貼り方）
- □　すれ違うスタッフの表情や対応がよいか
- □　食事のクオリティ（見学時に試食ができる場合はする）
- □　一歩入った時のインスピレーション（居心地が良さそうか、臭い、明るさなど）
- □　入居する人が生活するイメージがつくかどうか

65歳以上で一定の健康状態を満たしている高齢者が入所できる養護老人ホームという施設もあります。経済的に困窮かつ、現在おかれている環境では自宅での生活が困難な方が一時的に入所し、自立した生活や社会復帰を目指します。

入所契約の締結とその後の手続

　入所する施設が決まったら、後見人は本人の代わりに入所契約を締結します。入所契約の締結に限らず、本人の代わりに契約を締結する際には、「成年被後見人○○○○成年後見人△△△△」というような記入を求められることが多いです。

【契約書署名サンプル】

> 後見人の住所を記入します

> 後見人の印鑑を押印します

　　　住所　　東京都新宿区四谷七丁目7番7号
　　　氏名　　成年被後見人山田松子成年後見人近藤竹子 ㊞

注）具体的な記載方法は施設の担当者に確認するようにしましょう。

生活費・施設費

　施設の費用については、口座引き落としにできる場合はそうしておくことで毎回の支払いの手間を省くことができます。日常の買い物用の小遣い等については、面会の際に本人に渡すなど、管理しやすいよう方法を工夫しましょう。　参照 P82

住所の移動

　施設に入所することが決まったら、必要に応じて①市区町村役場へ転出・転入の手続を行います。併せて、②家庭裁判所への連絡と、③東京法務局への本人の住所変更登記の申請が必要になります。

住所変更登記 P157

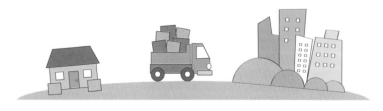

 **コラム** 入所や入院の際の身元保証人について

　施設への入所や病院への入院の際に、身元保証人をつけることを求められることがあります。

　施設や病院が身元保証人を求めるのには主な理由が2つあります。

　第一は、入所・入院費用の支払いを確保するためです。もう一つは、本人の容体が急変したときの連絡先・キーパーソンをあらかじめ決めておき、万が一の場合の遺体や遺留品の引き取り先を確保するためです。

　本人の支払い義務については、原則として本人の財産から支払いをするものであり、後見人が個人として支払いを保証する義務はありません。

　しかし、後見人が親族の場合は、**親族として**身元保証人になることを求められることが考えられます。そのときは後見人としてではなく、親族の立場で対応しましょう。

　なお、親族以外の第三者が後見人である場合は、緊急連絡先として後見人を登録し、支払いに関しては本人の預貯金からの支払いで十分である旨や死後の手続についても心配がない旨を施設に伝え、対応をしてもらうとよいでしょう。

　入院の場合は、保証金で対応してもらえることが多いので、保証金を入院時に先払いしておき、退院時に精算します。

② 本人が相続人になった場合

　本人の親族が亡くなり、遺言書がない場合は遺産分割協議が必要となり、相続人である本人に代わって後見人が遺産分割協議に参加します。

　遺産分割協議書には、一般的に後見人が「成年被後見人○○○○成年後見人△△△△」と本人の代わりに記名押印します。 参照 P135

　ただし、後見人自身も相続人の一人である場合には注意が必要です。なぜなら、後見人自身の相続人としての立場と、本人の後見人としての立場とで相続に関する利害が対立してしまうからです。

　後見監督人等（後見監督人、保佐監督人、補助監督人）が選任されていない場合は、原則として家庭裁判所において特別代理人を選任してもらう必要があります。選任された特別代理人が、本人に代わって遺産分割に参加することになります。 参照 P136

　後見監督人等が選任されている場合は、それらの者が本人に代わって遺産分割に参加します。後見監督人等とは、後見監督人・保佐監督人・補助監督人を指します。 後見監督人 P115 　保佐・補助監督人 P180

👆 ちょっと確認　遺産分割の際の注意点

　後見人は、本人の法定相続分（法律で定められた各相続人が相続する割合）より少なくならないよう、遺産分割協議をしなければならないとされています。また、判断能力がある程度残っている保佐・補助の場合は、あくまでも本人の意思が優先です。

　いずれにしても、何らかの事情から本人の相続する財産が法定相続分よりも少なくなってしまうような場合は家庭裁判所に事前に確認するようにしましょう。 参照 P93

相続の基本を確認しよう

相続人と法定相続分

　本人が相続人となる場合に備えて、まずは、法律上相続人となる者と法定相続分を確認しましょう。

■法定相続及び法定相続分の基本的な考え方

第1順位	配偶者　2分の1	子	2分の1
第2順位	配偶者　3分の2	直系尊属（父母等）	3分の1
第3順位	配偶者　4分の3	兄弟姉妹	4分の1

①配偶者は常に相続人となります。どの順位の人が配偶者とともに相続をするかによって、配偶者の**法定相続分**が変わります。なお、子も直系尊属も兄弟姉妹もいない場合は配偶者のみが相続人となります。

②配偶者以外の相続人は優先順位があり、先の順位の人が1人でもいる場合、後の順位の人は相続人にはなりません。

③子や直系尊属、兄弟姉妹がそれぞれ2人以上いる場合は、それぞれ等分します。

養子や前妻（前夫）・前妻（前夫）の子などの相続分

　前妻・前夫は、婚姻関係が解消されていますので、相続人ではありませんが、**前妻・前夫との間の子**は、子であることに変わりはありませんので、子としての法定相続分があります。

　また、**胎児**は既に生まれたものとみなし、子としての法定相続分を有します（死亡して産まれた場合は適用されません）。

　養子は、実子と同じ割合の法定相続分があります。

　養親は、実親と同じ割合の法定相続分があります。

　兄弟が相続人になる場合、**父母の一方が違う兄弟姉妹**の法定相続分は、父母が両方同じ兄弟姉妹の法定相続分の2分の1となります。

遺産分割とは

相続人全員が合意をすることによって、法定相続分以外の割合で相続財産を承継することができます（**遺産分割協議**）。相続人全員による協議を証するため、遺産分割協議書を作成します。一般的に遺産分割協議書には相続人全員が実印を押印し、印鑑証明書を添付します。

なお、協議がまとまらない場合は、調停や訴訟に移行します。

遺言とは

遺言とは、被相続人の最終の意思を表示した書面のことです。**自筆証書遺言や公正証書遺言、秘密証書遺言**など、それぞれ法律的な要件を満たしていなければ法的な効力は認められません。

公正証書遺言、自筆証書遺言書保管制度を利用した自筆証書遺言以外の遺言の方式の場合は、相続開始後、相続人等が検認という手続を家庭裁判所に申し立てる必要があります。

※自筆証書遺言書保管制度とは、遺言者が自筆で書いた遺言書を法務局に保管できる制度です（申請には遺言書１通につき3,900円の手数料がかかります）。内容に関する審査はありませんが、押印漏れなど形式的なミスを防ぐことができます。

相続放棄とは

相続人は、自己のために相続の開始があったことを知った時から３か月以内に家庭裁判所に**相続放棄**(ほうき)の申立てができます。相続放棄が認められると、その者は相続人にならなかったものとみなされます。

借金も相続財産になりますので、本人が相続する財産がプラスの財産よりもマイナスの財産の方が大きい場合は、相続放棄を検討しましょう。

相続放棄の手続も後見人が代理して行うことができます。具体的な手続は、管轄の家庭裁判所に確認しながら進めましょう。 参照 P93

本人と後見人の利害が対立しない場合

　後見人自身が相続人ではない場合は、本人との利害は対立しません。本人の代わりに他の相続人とともに遺産分割協議を行いましょう。

　遺産分割協議書には、「成年被後見人○○○○成年後見人△△△△」というように記名し、後見人が押印します。さまざまな相続の手続において、遺産分割協議書の提出が求められますが、基本的には相続人全員の実印での押印と印鑑証明書の添付が求められます。本人については、後見人が実印で押印し、後見人の印鑑証明書を添付します。

　なお、後見監督人が選任されている場合は、遺産分割につき、後見監督人の同意が必要です。後見監督人に相談しながら進めましょう。

後見監督人 P115

> 後見人の住所を記入します。

> 後見人の実印を押印し、印鑑証明書を添付します。

【署名欄サンプル】
　　住所　　東京都港区芝八丁目16番2号
　　氏名　　成年被後見人○○○○成年後見人△△△△　㊞

第4章

　利害が対立するかしないかは、後見人自身が相続人に当たるかどうかで判断できます。

　例えば、子が母の後見人になっている場合で考えてみましょう。母の夫である父が亡くなったとき、本人である母と後見人である子は共に相続人に当たるため、利害が対立してしまうのです。同じ場合で、母の兄弟が亡くなり、母が相続人になったときは、後見人である子は相続人に当たらないので、利害が対立しないのです。

本人と後見人がともに相続人の場合
～特別代理人の選任～

　後見人自身も相続人となる場合は、「利益が相反する」場合にあたるため、後見人が両方の立場で遺産分割に参加するわけにいきません。

　このような場合は、特別代理人選任の手続によって、遺産分割のときだけの特別な代理人を選任してもらい、その特別代理人が本人の代わりに遺産分割に参加する、という形をとります。

　なお、後見監督人等（後見監督人・保佐監督人・補助監督人）がついている場合は、後見監督人等が本人を代理するので、特別代理人を選任する必要はありません。　後見監督人 P115

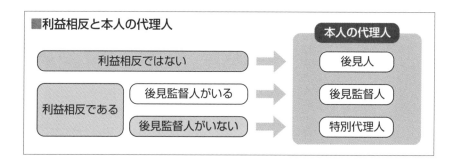

■利益相反と本人の代理人

		本人の代理人
利益相反ではない	⇒	後見人
利益相反である　後見監督人がいる	⇒	後見監督人
後見監督人がいない	⇒	特別代理人

👆 ちょっと確認　**特別代理人の選任が必要になるとき**

　遺産分割の場面以外でも、特別代理人の選任が必要な場合があります。

　基本的に、本人と後見人の利害が対立してしまう場合です。迷ったときは、家庭裁判所に確認をするようにしましょう。　確認の方法 P93

【特別代理人の選任が必要になる代表例】
- □　本人の不動産を後見人が買い取る場合
- □　後見人が金融機関からお金を借りる際に、本人の不動産を担保に入れる場合

特別代理人選任申立書の準備をしよう

　本人と後見人が利益相反の関係になってしまう場合には、家庭裁判所に特別代理人の選任申立てを行う必要があります。

必要な書類を確認しましょう

　特別代理人の選任申立てには、一般的に下記の書類が必要です。

■一般的な必要書類

☐　申立書

☐　収入印紙800円（申立書に貼付）

☐　郵便切手836円（84円9枚、10円8枚。東京家庭裁判所の場合）

☐　特別代理人候補者の住民票の写し（マイナンバーの記載のないもの）

☐　遺産分割協議書の案

☐　本人の法定相続分が確保されていることが確認できる書面（遺産分割協議書案から遺産の評価額がわからない場合に必要）

☐　不動産が遺産に含まれる場合、不動産の登記事項証明書（すでに提出してある場合は不要）

特別代理人になってくれる人を定めましょう

　特別代理人選任申立ての際には、特別代理人の候補者を立てることができます。特別代理人の候補者は、相続人以外の親族を定めることができます。適任者がいない場合は、司法書士や弁護士などの専門家にお願いすることもできます。なお、特別代理人は、その業務に関する報酬を請求することができます。報酬は、申立てによって家庭裁判所が定めます。専門家に依頼をする場合は、報酬が発生することが一般的なので留意しておきましょう。

財産調査をしましょう

どんな相続財産があるかを調べましょう。遺産目録の提出が求められることもありますので情報を取りまとめておきましょう。

【代表的な相続財産と調べ方】
- □ 不動産……権利証や登記事項証明書などを確認　 P 50
　　　　　　　評価額の参考にするために固定資産評価証明書を取得
- □ 預貯金……通帳の確認、金融機関で残高証明を発行
- □ 保険金……保険会社に問い合わせ

遺産の分割案を検討しましょう

取りまとめた財産を、相続人の間でどのように分配をするかを検討します。このとき、本人が相続することになる遺産は、原則として本人の法定相続分を確保する必要があります。　 法定相続分 P 133

法定相続分が確保されているかわかる書類を準備しましょう

裁判所から本人の法定相続分が確保されているかどうかが確認できる書類を求められることがあります。必要な場合は、遺産目録や遺産の評価額及び本人の取得額一覧表などを作成することになります。

裁判所への提出書類を少なくするためにも、遺産分割協議書案には不動産の評価額や預貯金などの金額も記載するとよいでしょう。　 遺産分割協議書案 P 139

138

遺産分割協議書案を作成しましょう

遺産分割協議書案を作成します。

■遺産分割協議書案サンプル

遺産分割協議書（案）

　令和１年２月３日、東京都新宿区神楽坂七丁目７番７号　山田梅太郎の死亡によって開始した相続における共同相続人である山田松子特別代理人桜井静夫、山田米男、近藤竹子の３名は、その相続財産について、次のとおり遺産分割の協議をしました。

記

１．相続財産中、次の不動産は、相続人山田松子が取得します。
```
    1    所在        新宿区神楽坂七丁目
         地番        14番21
         地目        宅地
         地積        ５０．００㎡　持分２分の１
    2    所在        新宿区神楽坂七丁目14番地21
         家屋番号    14番21
         種類        居宅
         構造        木造スレートぶき２階建
         床面積      １階　３０．００㎡
                     ２階　３０．００㎡　持分２分の１
```

> 基本的には、法定相続分（法律で決められた相続分。妻の場合は２分の１）を割り込む分割はできません。

２．相続財産中、次の預金は、相続人山田松子持分８分の４、山田米男持分８分の３、近藤竹子持分８分の１の割合で取得します。
```
    1    新宿信用金庫新宿支店　普通　口座番号012012012　金4,584,584円
    2    ゆうゆう銀行　定期　口座番号10001－1000000　金5,000,000円
```

　以上のとおり、遺産分割協議が成立したので、これを証するため、この遺産分割協議書３通を作成して、相続人全員が署名押印し、各自その１通を所持するものとします。

　　　令和３年８月１日

```
                東京都新宿区神楽坂七丁目７番７号
                    相続人      山田松子
                東京都新宿区五谷一丁目２番３号
                    山田松子特別代理人      桜井静夫

                沖縄県那覇市金城六丁目６番６号
                    相続人              山田米男

                東京都新宿区四谷七丁目７番７号
                    相続人              近藤竹子
```

第４章

特別代理人選任の申立書を作成しましょう

申立書の書式は、管轄の家庭裁判所でもらうことができます。

■特別代理人選任申立書サンプル（東京家庭裁判所）

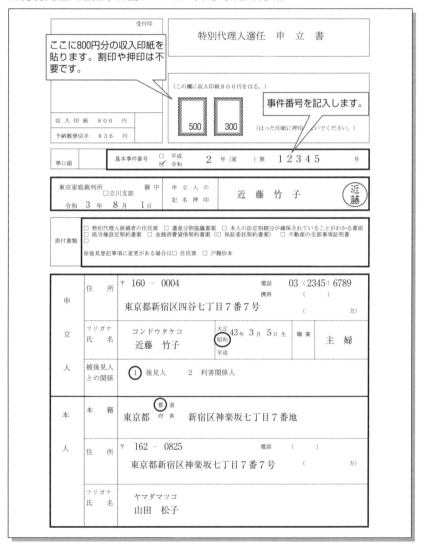

申　立　て　の　趣　旨
特別代理人の選任を求める。

申　立　て　の　理　由	
利益相反する者	利益相反行為の内容
※ ① 後見人と被後見人との間で利益相反する。 2　その他（ 　　　　　　　　　　　　　　）	※ ① 被相続人亡　　山田梅太郎　　　の遺産を分割するため 2　被相続人亡　　　　　　　　　　の相続を放棄するため 3　身分関係存否確定の調停・訴訟の申立てをするため 4　被後見人の所有する物件に（根）抵当権を設定するため 5　その他（　　　　　　　　　　　　　　　　　）

後見人と本人がともに相続人にあたるため利益が相反します。

	（その詳細）　申立人の父、成年被後見人の夫である
	亡梅太郎の遺産につき、遺産分割の協議を
	するため。

特別代理人候補者	住　所	〒　160－000X 東京都新宿区五谷一丁目2番3号	電話　03（3456）7890 （　　　　　　方）		
	フリガナ 氏　名	サクライシズオ 桜井　静夫	昭和 平成　40年　3月　2日生	職業	会社員
	本　人 との関係	本人の甥			

相続人にあたらない親族を候補者にすることが一般的ですが、適当な人物がいない場合はその旨を裁判所に伝えましょう。

（注）　太枠の中だけ記入してください。　※の部分につ……
　　　　利益相反行為の内容欄の5を選んだ場合には、（　　）内に……

申立書を提出しましょう

　申立書は、家庭裁判所に持ち込んでも郵送でも構いません。郵送の場合は、封筒に事件番号を記載しておきましょう。　事件番号 P43

審判書を確認しましょう

　申立てから一般的に２〜３週間ほどで後見人と特別代理人の自宅に審判書が届きます。

〈審判書抜粋サンプル〉　　　主　文
　　被相続人山田梅太郎の遺産を分割するにつき成年被後見人の特別代理人として下記の者を選任する。
　　住　所　東京都新宿区五谷一丁目２番３号　　氏　名　桜井静夫

本人に代わり遺産分割協議をしましょう

　選任された特別代理人は、本人に代わり遺産分割協議に参加します。ほとんどの相続手続で求められるので、遺産分割協議書には、すべての相続人が実印で押印し、印鑑証明書を添付します。本人についての印鑑証明書は、特別代理人の印鑑証明書になり、その身分を証明するため、特別代理人選任の審判書も添付します。

　これらと戸籍謄本等を併せて、金融機関で預金の払い戻しを受けたり、法務局で相続による所有権移転登記をしたりします。

👆 ちょっと発展　　**申立ての際の協議書案と異なる協議は可能か？**

　特別代理人選任申立ての際には、遺産分割協議書の案を添付します。基本的に、協議の内容が固まってから特別代理人の選任申立てを行うようにしましょう。もし、申立ての段階と協議の内容が異なる場合は、家庭裁判所に確認をし、必要に応じて再度の申立てを行うなど対応をするようにしましょう。　確認の方法 P93

❸ 家をリフォームしたい

　自宅を介護に適した状態にリフォームしたい。本人が自宅でより快適に過ごすことができるようにするため、介護リフォームを行うことも考えられます。

　リフォーム費用を本人の財産から支払おうとする場合も、後見人が契約等の手続をすることになります。施設への入所契約と同様、「成年被後見人○○○○成年後見人△△△△」といった形で契約を行います。

参照 P130

　まとまったお金を動かすことになりますので、問題がないかどうか、必ず事前に家庭裁判所に相談をするようにしましょう。後見監督人がついている場合は、後見監督人に相談をしましょう。P93・P115

　また、介護リフォームは自治体から補助金や助成金が支給されることがあります。確認しておくとよいでしょう。

　なお、リフォームではなく建て替えの場合は、居住用不動産の処分にあたり、家庭裁判所の許可が必要になります。居住用不動産の処分 P145

第4章

👆 **ちょっと確認**　　本人の不動産を担保にしたリフォーム資金の借入れ

　本人の不動産を担保に、リフォーム資金の借入れを行う場合、まずは家庭裁判所に事前に相談をしましょう。相殺の方法 P93

　例えば、本人のためのリフォームではなく、もっぱら後見人のために本人が担保を差し出すようなケースと判断されると、家庭裁判所がそのような借入れを認めない、ということが考えられます。

　本当に本人にとって必要なことであれば、本人の財産状況、後見人と本人の利害関係などから、その必要性について家庭裁判所の理解を得られるよう相談の際に説明をしましょう。

④ 自宅を売却したい

　本人が施設や病院から自宅へ戻る見込みがなくなったり、施設の支払いにあてたいなどの理由から本人の自宅を売却したいときは、「居住用不動産の処分」の許可申立てを行い、**家庭裁判所の許可**を受けてから売却することになります。

　具体的には、居住用不動産処分許可の申立書を作成し、必要書類を添付して管轄の家庭裁判所に提出します。売却の許可が下りると、家庭裁判所から許可審判書が交付されます。実際の売却手続においては、この審判書が必要になります。実務的には、売却が必要となる事情についてまずは裁判所に相談（　P93　）をしたうえで、事実上の取引の交渉をはじめ、契約の成立の一歩手前で許可申立てを行うことが多いです。

　なお、別荘など、売却する不動産が居住用不動産にあたらない場合には家庭裁判所の許可申立ては不要です。ただし、重要な財産の処分にあたるため、事前に家庭裁判所に確認をするようにしましょう。

> 後見監督人がいる場合　P149

👆ちょっと確認　居住用不動産かどうかの判断

　現在、住民票をおいている場所だけではなく、かつて住んでいた場所、住民票をおいていた場所も居住用不動産とみなされる可能性があります。

　判断が難しい場合は、必ず事前に家庭裁判所に確認をしてください。

　万が一、許可が必要であったにもかかわらず、許可を受けることなく取引をしてしまうと、取引の相手方に多大な損害を与えてしまう場合もあります。注意しておきましょう。　参照 P164

居住用不動産処分許可申立書の作成

　居住用不動産処分の許可申立てには、一般的に下記の書類が必要です。

■**一般的な必要書類**

- □　申立書
- □　収入印紙800円（申立書に貼付）
- □　郵便切手84円（東京家庭裁判所の場合）
- □　不動産の登記事項証明書（すでに提出してある場合は不要）
- □　不動産業者作成の査定書
- □　不動産売買契約書の案
- □　不動産の固定資産評価証明書

※家庭裁判所によっては推定相続人の同意書も必要になります。

査定書を手配しましょう

　不動産業者の売却査定を手配しましょう。適正価格を判断するために2〜3か所ほど見積もりを取ることをおすすめします。

売買契約書案を手配しましょう

　仲介業者の方から売買契約書案の写しをもらい、添付資料にします。

固定資産評価証明書を取得しましょう

　市区町村役場（東京23区の場合は都税事務所）で入手することができます。東京23区内にある不動産の場合は、23区内にあるどの都税事務所でも発行してもらうことができます。　取得方法 P 51

居住用不動産の処分許可申立書を作成しましょう

　申立書のひな型は家庭裁判所で受け取ることができます。また、家庭裁判所のホームページからダウンロードすることもできます。

■居住用不動産処分許可申立書サンプル（東京家庭裁判所）

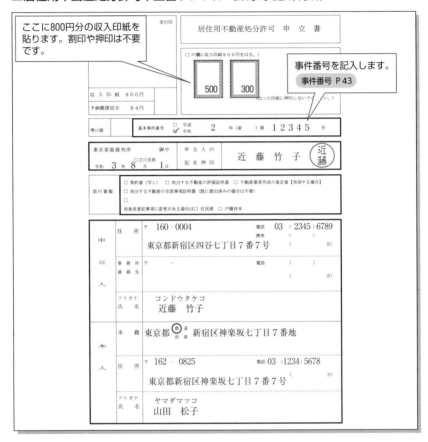

ここに800円分の収入印紙を貼ります。割印や押印は不要です。

事件番号を記入します。
事件番号 P43

受付印

居住用不動産処分許可 申 立 書

（この欄に収入印紙800円をはる。）

500　300

収入印紙 800円
予納郵便切手 84円

準口頭

基本事件番号　□平成　☑令和　2　年（家）第　1 2 3 4 5　号

東京家庭裁判所　御中
令和 3 年 8 月 1 日　□立川支部

申立人の
記名押印　近 藤 竹 子　㊞近藤

添付書類
□ 契約書（写し）　□ 処分する不動産の評価証明書　□ 不動産業者作成の査定書【売却する場合】
□ 処分する不動産の全部事項証明書（既に提出済みの場合は不要）
※後見登記事項に変更がある場合は□ 住民票 □ 戸籍抄本

申立人	住　所	〒 160 - 0004　東京都新宿区四谷七丁目7番7号	電話 03（2345）6789　携帯（　）（　方）
	事務所連絡先	〒　　－	電話（　）（　方）
	フリガナ氏　名	コンドウタケコ　近藤　竹子	
本人	本　籍	東京都㊞都道府県 新宿区神楽坂七丁目7番地	
	住　所	〒 162 - 0825　東京都新宿区神楽坂七丁目7番7号	電話 03（1234）5678　（　方）
	フリガナ氏　名	ヤマダマツコ　山田　松子	

👆 **ちょっと確認**　居住用不動産の処分と推定相続人の同意

　居住用不動産の売却は、本人への影響が非常に大きいため、将来の相続人となる親族が同意しているのかということも、今後後見事務をするうえで大切になってきます。家庭裁判所によっては、申立て段階で推定相続人の同意書を求めています。できるだけ家族と情報を共有し、家族皆が納得したうえで手続きを進められるとよいでしょう。

146

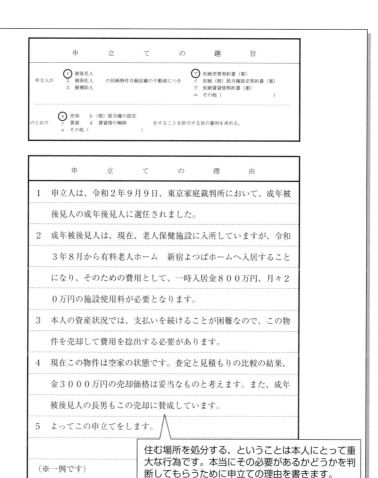

申　立　て　の　趣　旨

申立人が
1　被後見人
2　被保佐人　の別紙物件目録記載の不動産につき
3　被補助人

ア　別紙売買契約書（案）
イ　別紙（根）抵当権設定契約書（案）
ウ　別紙賃貸借契約書（案）
エ　その他（　　　　　　　）

のとおり
a　売却　　b　（根）抵当権の設定
c　賃貸　　d　賃貸借の解除　　をすることを許可する旨の審判を求める。
e　その他（　　　　　　　）

申　立　て　の　理　由

1　申立人は、令和２年９月９日、東京家庭裁判所において、成年被

後見人の成年後見人に選任されました。

2　成年被後見人は、現在、老人保健施設に入所していますが、令和

３年８月から有料老人ホーム　新宿よつばホームへ入居すること

になり、そのための費用として、一時入居金８００万円、月々２

０万円の施設使用料が必要となります。

3　本人の資産状況では、支払いを続けることが困難なので、この物

件を売却して費用を捻出する必要があります。

4　現在この物件は空家の状態です。査定と見積もりの比較の結果、

金３０００万円の売却価格は妥当なものと考えます。また、成年

被後見人の長男もこの売却に賛成しています。

5　よってこの申立てをします。

（※一例です）

住む場所を処分する、ということは本人にとって重大な行為です。本当にその必要があるかどうかを判断してもらうために申立ての理由を書きます。

ちょっと確認　**居住用不動産処分許可申立てのタイミング**

　後見人選任申立ての段階から居住用不動産処分の予定があった場合でも、後見人選任申立てと居住用不動産処分許可申立ては同時に行うことができません。まず、後見人選任申立てを行い、正式に就任した後見人が居住用不動産処分許可申立てを行う、という段取りになります。

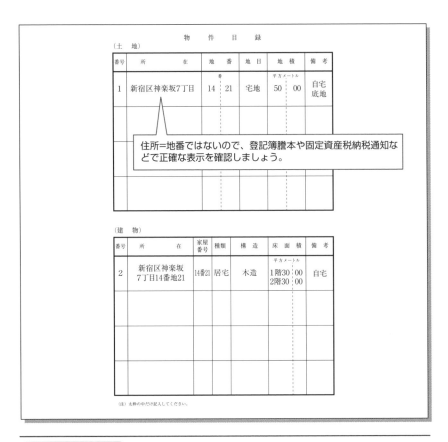

物　件　目　録

（土　地）

番号	所　　　在	地　番		地目	地　積	備　考
			番		平方メートル	
1	新宿区神楽坂7丁目	14	21	宅地	50 ┊ 00	自宅底地

> 住所＝地番ではないので、登記簿謄本や固定資産税納税通知などで正確な表示を確認しましょう。

（建　物）

番号	所　　　在	家屋番号	種類	構　造	床　面　積	備　考
					平方メートル	
2	新宿区神楽坂7丁目14番地21	14番21	居宅	木造	1階30 ┊ 00 2階30 ┊ 00	自宅

（注）太枠の中だけ記入してください。

👆 **ちょっと発展**　売買契約と許可申立て

　家庭裁判所への居住用不動産売却許可の申立書には、売却予定金額を記載する必要があります。

　したがって、基本的には買主が決まり、売買契約書を作成できる段階まで話が進んでから、居住用不動産処分許可の申立てを行います。

　契約を急ぎたい場合などは、許可がされることを条件に、先に売買契約を締結することもあります。家庭裁判所や不動産会社に報告や相談をしながら進めるようにしましょう。　**P93**

申立書を提出しましょう

家庭裁判所に持ち込んでも郵送でも構いません。郵送の場合は、封筒に事件番号を記載しておきましょう。 事件番号 P 43

審判書を確認しましょう

申立てから2〜3週間ほどで審判書が届きます。売却許可の審判が下りているかどうか確認しましょう。審判書は、不動産の売買による所有権移転登記手続などに使用しますので、大切に保管しましょう。

本人に代わり契約を締結しましょう

許可が下りたら、本人の代わりに売買契約を締結します。施設への入所契約などと同様、「成年被後見人○○○○成年後見人△△△△」といった形で契約を行います。 参照 P 130

家庭裁判所への報告

不動産を売却すると収支に大きな変動が出るので、売却手続が完了したら家庭裁判所へ報告をしましょう。報告の方法に関しては、家庭裁判所に確認するようにしましょう。 確認方法 P 93

後見監督人が選任されている場合

後見監督人が選任されている場合、居住用不動産処分許可申立てにあたって、後見監督人の同意が必要です。後見監督人の同意書を居住用不動産処分許可申立ての際に提出します。

なお、居住用に限らず、本人の不動産を売却、賃貸など処分する場合は後見監督人の同意が必要とされています。不動産の売却など処分を検討している段階から、後見監督人に相談をし、指示を仰ぎながら進めるとよいでしょう。 後見監督人 P 115

■売却許可の審判書サンプル（東京家庭裁判所）

令和２年（家）第12345号　成年被後見人の居住用不動産の処分についての許可申立事件

審　判

住　　　　所　　東京都新宿区四谷七丁目７番７号
　　　　　　　　申立人（成年後見人）　近藤竹子
住　　　　所　　東京都新宿区神楽坂七丁目７番７号
　　　　　　　　成年被後見人　山田松子

　本件について，当裁判所は，その申立てを相当と認め，次のとおり審判する。

主　文

1　成年後見人が成年被後見人に代わって，成年被後見人が所有する別紙物件目録
　　記載２の不動産を金３０００万円で売却することを許可する。
2　手続費用は成年被後見人の負担とする。

　　　　　　　　　　令和３年８月25日
　　　　　　　　　　東京家庭裁判所家事第１部
　　　　　　　　　　裁判官　○○○○

　　　　　　　　　　これは謄本である
　　　　　　　　　　前同日同庁
　　　　　　　　　　　裁判所書記官　○○○○　　　　印

5 自宅を賃貸に出したい

　本人が施設や病院から自宅へ戻る見込みがなくなったなどの理由から、自宅を賃貸に出したいときは、自宅を売却するとき同様、家庭裁判所の許可を受けてから手続をすることになります。

　自宅を賃貸に出す行為は、売却と同様、「居住用不動産の処分」にあたるからです。住まいというのは、生活の基盤であり、それらの処分は本人の心身や生活に大きな影響を与えます。したがって、その場所が大きく変化する場合には、特に慎重を期すために、本人のために家庭裁判所に許可を得なければならない形とされているのです。

　なお、別荘など、賃貸に出す不動産が居住用不動産にあたらない場合には家庭裁判所の許可は不要です。ただし、本人の収支に大きな影響を与える事柄ですので、事前に家庭裁判所に相談するようにしましょう。

P 93　サービス付き高齢者向け住宅 P 125　後見監督人がいる場合 P 149

必要な書類を確認しましょう

　自宅を賃貸に出したいときの基本的な流れは売却したいときと同じです。一般的な必要書類は以下のとおりです。後見監督人がいる場合 P 149

第4章

■一般的な必要書類

- □　申立書
- □　収入印紙800円（申立書に貼付）
- □　郵便切手84円（東京家庭裁判所の場合）
- □　賃貸借契約書の案、賃料額の根拠となる資料（業社の査定書等）

居住用不動産の処分許可申立書を作成しましょう

　基本的な形式は売却の際と同様です。申立ての趣旨や、申立ての理由の欄が少し異なります。

■居住用不動産処分許可申立書サンプル（賃貸）〈抜粋〉

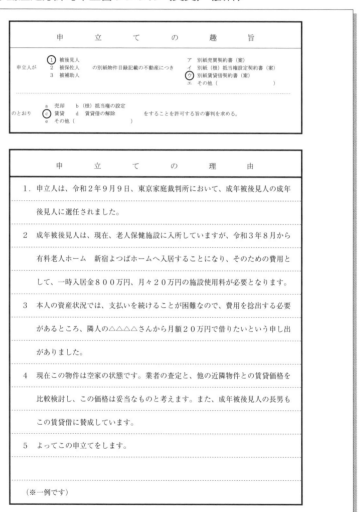

申　立　て　の　趣　旨

申立人が
① 被後見人
2 被保佐人
3 被補助人
の別紙物件目録記載の不動産につき

ア　別紙売買契約書（案）
イ　別紙（根）抵当権設定契約書（案）
⑦　別紙賃貸借契約書（案）
エ　その他（　　　　　　　）

のとおり
a　売却　　b　（根）抵当権の設定
ⓒ　賃貸　　d　賃貸借の解除
e　その他（　　　　　　　）
をすることを許可する旨の審判を求める。

申　立　て　の　理　由

1．申立人は、令和2年9月9日、東京家庭裁判所において、成年被後見人の成年後見人に選任されました。

2　成年被後見人は、現在、老人保健施設に入所していますが、令和3年8月から有料老人ホーム　新宿よつばホームへ入居することになり、そのための費用として、一時入居金800万円、月々20万円の施設使用料が必要となります。

3　本人の資産状況では、支払いを続けることが困難なので、費用を捻出する必要があるところ、隣人の△△△△さんから月額20万円で借りたいという申し出がありました。

4　現在この物件は空家の状態です。業者の査定と、他の近隣物件との賃貸価格を比較検討し、この価格は妥当なものと考えます。また、成年被後見人の長男もこの賃貸借に賛成しています。

5　よってこの申立てをします。

（※一例です）

152

ちょっと発展 売買と賃貸以外で、許可申立てが必要な場合

売却や賃貸以外にも、居住用不動産の処分として家庭裁判所の許可が必要な行為があります。ここで簡単に確認しておきましょう。

(1) 居住用不動産を取り壊す場合

本人の居住用の不動産を取り壊す場合には、居住用不動産の処分につき家庭裁判所の許可が必要です。単純に取り壊すだけではなく、建て替えの場合についても、許可が必要とされています。

(2) (根) 抵当権を設定する場合

本人の居住用不動産を担保にして、金融機関から借入れを行う（融資を受ける）場合にも、居住用不動産の処分につき家庭裁判所の許可が必要です。

(3) 賃貸借契約を解除する場合

本人が居住している（居住していた）不動産の賃貸借契約を解除する場合にも、居住用不動産の処分につき家庭裁判所の許可が必要です。

(4) 賃貸借契約を締結する場合 　サービス付き高齢者向け住宅の場合 P125

本人が居住するための不動産の賃貸借契約を締結する場合にも、居住用不動産の処分につき家庭裁判所の許可が必要とされています。

(5) これらに準ずる処分を行う場合

遺産分割や施設への入所、自宅の処分などを行うために、成年後見人選任申立てを行うこともあります。しかし、それらの行為が終わり、目的を果たしたからといって後見人の業務が終了となるわけではありません。その後も、原則として本人の死亡まで後見人としての業務は続きます。

6 確定申告を行う場合

　公的年金等を受け取っている場合には、原則として毎年、確定申告を行う必要があります。（なお、障害年金や遺族年金は非課税です。）確定申告は、源泉徴収された税金などを精算するための手続です。具体的な手続については、管轄の税務署に確認しながら進めるようにしましょう。

　また、確定申告の手続を税理士に依頼することもできます。この場合、税理士に支払う報酬は、本人の財産から支出することができます。

確定申告が不要な場合（確定申告不要制度）

　次の2つの要件をいずれも満たす方は、確定申告が不要です。

①公的年金等（国民年金、厚生年金、共済組合支給の老齢年金、確定給付企業年金契約に基づいて支給を受ける年金など）の収入金額が年400万円以下

②公的年金等に係る雑所得以外の所得（生命保険・共済契約に基づいて支給される個人年金、給与所得、生命保険の満期返戻金など）の金額が年20万円以下

　2つの要件を満たしても、一定額以上の医療費を支払っている場合や、マイホームを住宅ローンなどで取得した場合は、所得税還付が受けられるなど確定申告を行ったほうがよいこともあります。管轄の税務署に確認しましょう。

👉 ちょっと発展　税務に関する申告

　確定申告だけではなく、本人が不動産を売却したり、相続をしたりした場合は、それぞれ税務署への申告が必要になる場合があります。控除や特例適用の有無など計算方法が複雑になることも多いので、税務署や税理士に相談されることをおすすめします。

154

7 本人が詐欺被害にあってしまった場合

　本人がリフォーム詐欺にあった。だまされて高額な布団や健康食品などを買わされてしまった──。そのような場合、後見人はそれらの行為を取り消すことができます。取り消すことによって、後見人は本人の権利を守ることができます。

　なお、取引の相手方は、1か月以上の期間を定めて、その行為を追認するかどうか後見人に催告することができます。期間内に確答が得られないときは、本人がした契約は追認されたものとみなされ、契約は有効に確定します。注意しましょう。

> **参考：クーリングオフ制度とは？**
>
> 　対象となる取引について、法定の期間内であれば、理由を問わず無条件でその契約を取り消せる制度。訪問販売などが該当。定められた期限内に内容証明郵便等で取り消しをする。

第4章

🖐 ちょっと確認　取り消しができないとされる場合の一例

　以下の場合には、後見人であっても取り消しができません。

- ☐ 本人が、自分が被後見人・被保佐人・被補助人ではないと嘘をついて取引をした場合
- ☐ 後見人・保佐人・補助人が追認した場合（本人が単独で行った借金の一部を、後見人等が返済した場合など）
- ☐ 時効（後見人等が、その行為を知ったときから5年経過した場合またはその行為のときから20年が経過した場合）

具体的な取消しの方法

　取り消しは口頭でも構わないとされていますが、後々のことを考えると、内容証明郵便で取り消しの通知書を相手方に送付するのがよいでしょう。

■取消通知書サンプル

令和○年○○月○○日

東京都新宿区高田馬場五丁目５番５号
株式会社ＡＢＣＤＥ
代表取締役　田中　一郎　殿

東京都新宿区○○
成年被後見人○○○○
成年後見人△△△△　印

通　知　書

　○○○○は、令和○年○○月○○日、貴社の販売員から「○○○○」を購入する契約を締結しました。

　しかし、○○○○は、数年前より認知症による精神障がいにより事理を弁識する能力を欠く状態にあり、令和○年○○月○○日に後見開始の審判を受け、私が成年後見人として選任されております。

　貴社と○○○○が締結した上記契約は、被後見人が行った契約ですので、後見人として契約を取り消す旨を通知いたします。

本人の住所など登記事項に変更が生じた場合

　本人が自宅から施設に入所して住所が変わった場合等、登記事項に変更があった場合は、法務局に変更の登記を申請する必要があります。家庭裁判所が自動的に変更してくれるわけではないので、注意しましょう。

【手続が必要となる変更】

□　本人の氏名・住所・本籍の変更

□　後見人（または後見監督人）の氏名・住所の変更

手続の基本的な流れを確認しましょう

　本人の住所などに変更が生じたときは、以下のような手続が必要となります。

⑴　本人の氏名・住所などの変更

　本人の住所地の市区町村役場に住所異動などの届出を行いましょう。

　なお、届出の方法に関しては、窓口で確認をしましょう。その際、自身が後見人であることを証明する書類として、後見登記事項証明書を持参するようにします。　後見登記事項証明書 P 47

⑵　家庭裁判所へ連絡

　管轄の家庭裁判所の報告方法を確認のうえ、住民票の写し等を提出しましょう。　参照 P 93

⑶　法務局へ後見登記の変更の登記を申請する

　後述の手順に従って、変更登記の申請を行いましょう。

⑷　後見登記事項証明書を取得　取得方法 P 45

　記載が新しくなった後見登記事項証明書を取得しましょう。

⑸　必要に応じて各種届出先に変更届

　必要に応じて後見登記事項証明書を提出します。具体的な手続方法は、各種届出先に確認をしましょう。　届出 P 67

第4章

■変更登記申請書サンプル（本人の住所変更）

提出先は東京法務局です。

東 京 法 務 局　御中

登 記 申 請 書 （変更の登記）

令和 3 年 8 月 25 日申請

1 申 請 人 等

ア 申請される方 （申請人）	住　所	東京都新宿区四谷七丁目7番7号	
	氏　名	近藤 竹子	（近藤）
	資格 本人との関係 成年後見人	連絡先（電話番号）	03-2345-6789

（注）申請人が法人の場合は、「名称又は商号」「主たる事務所又は本店」を記載し、代表者が記名押印してください。

イ 上記の代理人 （上記の申請人から 委任を受けた方）	住　所	
	氏　名	（印）
	連絡先（電話番号）	

（注1）代理人が申請する場合は、アの欄とともにイの欄にも記入してください（この場合アの欄の押印は不要です。）。
（注2）代理人が法人の場合は、「名称又は商号」「主たる事務所又は本店」を記載し、代表者が記名押印してください。

2 登 記 の 事 由

ア 変更の対象者	☑成年被後見人、□被保佐人、□被補助人、□任意後見契約の本人、□成年後見人、 □保佐人、□補助人、□任意後見受任者・任意後見人、□成年後見監督人、□保佐監督人、□補助監督人、□任意後見監督人、□その他（　　　　　　　　　） の
イ 変更事項	□氏名の変更、☑住所の変更、□本籍の変更、□その他（　　　　　　　　　）

（記入方法）上記のそれぞれの該当事項の□に☑のようにチェックしてください。（例：「☑成年後見人　の ☑住所の変更」）

3 登 記 す べ き 事 項

変 更 の 年 月 日	令和　　3　年　8　月　8　日	
変更後の登記事項	東京都新宿区よつば1丁目1番1号	変更の対象者 の新住所

（記入方法）変更の年月日欄には住所移転日等を記入し、変更後の事項欄には新しい住所又は本籍等を

4 登 記 記 録 を 特 定 す る た め の 事 項

（本人（成年被後見人、被保佐人、被補助人、任意後見契約の本人）の氏名は必ず記入してください。）

フ リ ガ ナ	ヤマダ マツコ	
本 人 の 氏 名	山田 松子	

（登記番号が分かっている場合は、本欄に登記番号を記入してください。）

登 記 番 号	第　　　2020 － 1234　　　号	登記番号は、登記番 号通知書や後見登記 事項証明書に記載さ れています。 P 47

（登記番号が分からない場合は、以下の欄に本人の生年月日・住所又は本籍を

本人の生年月日	明治・大正・昭和・平成・令和／西暦　　　　年　　　月	
本 人 の 住 所		・※本人の
又は本人の本籍 （国籍）		

5 添 付 書 類

該当書類の□に
☑のようにチェック
してください。

①□法人の代表者の資格を証する書面（※申請人又は代理人が法人であるときに必要）
②□委任状、□その他（　　　　　　　　　　）（※代理人が申請するときに必要）
③☑登記の事由を証する書面（☑住民票の写し（欄外注参照）、□戸籍の謄本又は抄本）
　□その他（　　　　　　　　　　）
④□上記添付書類は、本件と同時に申請した他の変更の登記申請書に添付した。

（注）住所変更の場合、法務局において住民基本台帳ネットワークを利用して住所変更の事実を確認することができるときは、住民票の写しの添付を省略することができます。法務局において住所変更の事実を確認することができないときは、

※登記手数料は不要です。

手数料はかかりません。住民票の写しな
ど変更を証する書面を添付します。

158

申請書を法務局に提出しましょう

東京法務局後見登録課に登記を申請します。申請は郵送でも持参する形でも構いません。申請書のひな型は東京法務局に備え置いていますし、ホームページからダウンロードすることもできます。 郵送先 P45

【必要書類】

住所変更の場合……住民票の写し

本籍または氏名変更の場合……戸籍謄本または抄本

※なお、いずれも登記手数料は不要です。

登記完了後、後見登記事項証明書を取得しましょう

法務局へ申請をしてから、1週間〜10日程度で登記が完了します。

頃合いをみて「後見登記事項証明書」を取得しておきましょう。

後見登記事項証明書がすぐに必要な場合は、変更登記申請書と併せて、「後見登記事項証明申請書」を提出するとよいでしょう。 申請書 P46

金融機関などの住所変更の手続を行いましょう

後見人の届出を提出した金融機関、市区町村役場、年金事務所等、時間を見つけてそれぞれ変更の手続をしておきましょう。

本人の居所が変わった場合は、新しい居所に旧住所宛の郵便物が届くよう、郵便局に転居届を出しておきましょう。

転居届の用紙は郵便局の窓口で受け取ることができます。転送されて届いた郵便物から、住所変更などの手続が必要なものがないか確認するとよいでしょう。

❾ 本人が死亡した場合

　本人が死亡した時点で、後見人の業務は終了します。本人が死亡した場合、本人の財産は相続人に承継されることになるため、原則として、後見人が本人の財産を管理することはできなくなります（一定の要件を満たす場合、例外として、財産の保存行為や債務の弁済など認められる行為があります）。

　ただし、親族が後見人である場合は、親族として死後の事務手続を行います。あわてずに手続できるようにしましょう。

　また、業務は終了になりますが、死亡に関連して後見人として行わなければならないことがありますので、併せて確認をしておきましょう。

一般的な死後の事務を確認しましょう

　一般的な死後の事務手続には、このようなものがあります。

■一般的な死後事務手続

☐　死亡届・火葬埋葬許可手続
　　届出義務者が、死亡の事実を知った日から7日以内。
　　届出義務者：①同居の親族、②その他の同居者、③家主、地主
　　　　　　　　または家屋もしくは土地の管理人
　　届出ができる者：同居の親族以外の親族、後見人等

☐　葬儀・火葬・埋葬
　　埋葬または火葬は、死亡後24時間以上経過した後でなければ行うことができません。

☐　入院費や家賃などの生前債務の支払い

☐　病院や施設、家（賃貸の場合）の明け渡し

☐　家財道具の処分

☐　永代供養や戒名等に関する費用の支払い

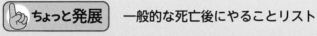

ちょっと発展　一般的な死亡後にやることリスト

手続	期限	手続先	主な必要書類
死亡届	死亡を知った日から7日以内	故人の死亡地・本籍地、届出人の住所地の市区町村	死亡診断書
年金受給停止手続	死亡から10日以内	市区町村役場または年金事務所	死亡診断書・年金証書
国民健康保険資格喪失届	死亡から14日以内	市区町村	国民健康保健証
介護保険資格喪失届	死亡から14日以内	市区町村	介護保険証
所得税準確定申告	死亡日の翌日から4か月以内	被相続人の住所地の税務署	準確定申告書付表
相続税の申告	死亡日の翌日から10か月以内	被相続人の住所地の税務署	戸籍謄本、相続財産に関する資料
生命保険金の請求　P53	死亡から2年以内	保険会社	保険証券、戸籍謄本、印鑑証明
国民健康保険加入者の葬祭費請求	葬儀から2年以内	市区町村	葬祭費の領収書、国民健康保険証
健康保険加入者の埋葬費請求	死亡から2年以内	社会保険事務所、健康保険組合	埋葬費用の領収書、健康保険証
高額療養費の払い戻し請求	対象の医療費支払いから2年以内	市区町村など	案内通知、医療費の領収書
国民・厚生年金の遺族年金等の請求	死亡から5年以内	市区町村	年金手帳、所得証明書
預貯金の名義変更	相続確定後すみやかに	金融機関	戸籍謄本、印鑑証明
公共料金の名義変更	相続確定後すみやかに	電力会社など	

第4章

後見人としてやるべきこと

　本人が死亡した場合、死後事務とは別に、後見人として行わなければならない業務があります。

家庭裁判所への報告

　まずは管轄の家庭裁判所の報告方法を確認のうえ、本人が死亡した旨の連絡をしましょう。死亡届のコピーあるいは除籍謄本の送付を求められることが多いです。

財産の計算

　後見人の任務が終了したときは、後見人またはその相続人は、2か月以内にその管理の計算をしなければなりません。

　後見開始から終了までの収入と支出を明らかにします。管理の計算は、後見監督人がいる場合は、その立会いが必要です（実務上は、後見監督人に書類をチェックしてもらう方法がとられることもあります）。

　財産の計算やその報告方法に関しては、家庭裁判所によってその取り扱いが異なりますので、ハンドブックや手引き、必要に応じて電話などで確認をするようにしましょう。

相続人への引継ぎ

　6か月以内に、本人の財産を相続人に引継ぎ、引継書を裁判所に提出します。実務的には、後見人が相続人の時は引継書の提出を求められないこともあります。管轄の家庭裁判所に確認をするようにしましょう。

後見終了の登記

　後見人等は、本人が死亡したことを知ったときは、終了の登記を申請しなければなりません。変更の登記の場合と同様に、**東京法務局後見登**

録課へ申請してください。申請は郵送でも持参する形でも構いません。

変更登記 P157　　郵送先 P45

■成年後見人の死亡による終了の登記申請書サンプル

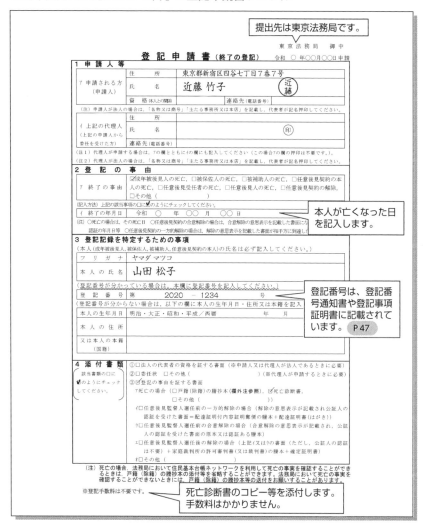

提出先は東京法務局です。

東京法務局　御中

登記申請書（終了の登記）　令和 ○ 年○○月○○日申請

1 申請人等

ア 申請される方 （申請人）	住　所	東京都新宿区四谷七丁目7番7号	
	氏　名	近藤 竹子	近藤㊞
	資　格（本人との関係）	連絡先（電話番号）	

（注）申請人が法人の場合は、「名称又は商号」「主たる事務所又は本店」を記載し、代表者が記名押印してください。

イ 上記の代理人 （上記の申請人から 委任を受けた方）	住　所		
	氏　名		㊞
	連絡先（電話番号）		

（注1）代理人が申請する場合は、アの欄とともにイの欄にも記入してください（この場合アの欄の押印は不要です。）。
（注2）代理人が法人の場合は、「名称又は商号」「主たる事務所又は本店」を記載し、代表者が記名押印してください。

2 登記の事由

ア 終了の事由	☑成年被後見人の死亡、□被保佐人の死亡、□被補助人の死亡、□任意後見契約の本人の死亡、□任意後見受任者の死亡、□任意後見人の死亡、□任意後見契約の解除、□その他（　　　　　　　　）

（記入方法）上記の該当事項の□に☑のようにチェックしてください。

イ 終了の年月日	令和 ○ 年 ○○ 月 ○○ 日

本人が亡くなった日を記入します。

（注）○死亡の場合は、その死亡日 ○任意後見契約の合意解除の場合は、合意解除の意思表示を記載した書面により認証の年月日等 ○任意後見契約の一方的解除の場合は、解除の意思表示を記載した書面が相手方に到達した

3 登記記録を特定するための事項

（本人（成年被後見人、被保佐人、被補助人、任意後見契約の本人）の氏名は必ず記入してください。）

フ リ ガ ナ	ヤマダ マツコ
本 人 の 氏 名	山田 松子

（登記番号が分かっている場合は、本欄に登記番号を記入してください。）

登 記 番 号	第　2020　1234　号

登記番号は、登記番号通知書や登記事項証明書に記載されています。 P47

（登記番号が分からない場合は、以下の欄に本人の生年月日・住所又は本籍を記入）

本人の生年月日	明治・大正・昭和・平成／西暦　　　年　　　月
本 人 の 住 所	
又は本人の本籍 （国籍）	

4 添付書類

該当書類の□に☑のようにチェックしてください。

①□法人の代表者の資格を証する書面（※申請人又は代理人が法人であるときに必要）
②□委任状　□その他（　　　　　　　）（※代理人が申請するときに必要）
③☑登記の事由を証する書面
　ア死亡の場合 □戸籍（除籍）の謄抄本（欄外注参照）、☑死亡診断書、
　　□その他（　　　　　　　　））
　イ□任意後見監督人選任前の一方的解除の場合（解除の意思表示が記載され公証人の
　　認証を受けた書面＝配達証明付内容証明郵便の謄本＋配達証明書（はがき））
　ウ□任意後見監督人選任前の合意解除の場合（合意解除の意思表示が記載され、公証
　　人の認証を受けた書面の原本又は認証ある謄本）
　エ□任意後見監督人選任後の解除の場合（上記イ又はウの書面（ただし、公証人の認証
　　は不要）＋家庭裁判所の許可審判書（又は裁判書）の謄本＋確定証明書）
　オ□その他（　　　　　　　　　　）

（注）死亡の場合、法務局において住民基本台帳ネットワークを利用して死亡の事実を確認することができるときは、戸籍（除籍）の謄抄本の添付等を省略することができます。法務局において死亡の事実を確認することができないときには、戸籍（除籍）の謄抄本等の送付をお願いすることがあります。

※登記手数料は不要です。

死亡診断書のコピー等を添付します。手数料はかかりません。

第4章

Q1 許可を得ずに居住用不動産を売ってしまったらどうなるの？

A1 家庭裁判所の許可を得ることなく行われた居住用不動産の処分（売却、賃貸など）は「無効」とされています。

　家庭裁判所の許可を得ていない無効な取引であると関係者から主張された場合、売却代金を返還することになったり、場合によって損害賠償責任を負ったりするおそれもあります。

　居住用不動産に当たるのかどうか、また、処分に当たるのかどうか疑問に思った場合は、必ず家庭裁判所に問い合わせをするようにしましょう。　**確認の方法 P93**

【注意したいケース】

☐　過去に住んでいた（住民票をおいていた）不動産

☐　将来住むつもりで購入した不動産

☐　誰かにあげる

☐　誰かに貸す

☐　貸していた契約を解除する

☐　家を解体する

☐　担保に入れる

Q2 不動産売却などで現預金が多額になった場合はどうなるの？

A2 　不動産を売却したり、有価証券を解約したことにより現預金が増えた場合は、そのタイミングで、家庭裁判所のほうから、後見制度支援信託・後見制度支援預貯金または後見監督人の利用につきおたずねがくることがあります。

　　後見制度支援信託・預貯金 P111　　後見監督人 P115

　後見制度支援信託・後見制度支援預貯金の利用は強制されるわけではありませんが、断ると後見監督人が裁判所の判断で選任される場合があります。なお、このように新規申立てではない場合は、後見制度支援預貯金を選択すると、専門家を経由せずに親族が手続を行うことができる可能性が高いです。

Q3 成年後見人が急病になったり死亡した場合はどうなるの？

A3 　後見人等は、正当な事由がある場合に限り辞任することができます。急病で業務が行えない場合は、家庭裁判所へ辞任の許可申立てをし、許可審判がおりると辞任します。

　死亡や辞任によって後見人等が欠けたときは（本人の死亡の場合は後見終了になります）、家庭裁判所は、利害関係人の請求または職権で後任の成年後見人を選任することになります。

　任意後見の場合は、任意後見契約が終了します。引き続き後見の必要性がある場合は、あらためて法定後見の申立てをすることになります。　　任意後見 P184　　法定後見申立てができる人 P29

　　後見人を辞めたいとき P37

その後、
母が亡くなり

最後の報告を
ポストに投函しました

たくさんの問題を
皆で乗り越え
後見人の仕事を
精一杯務めました

自宅売却

遺産相続

母さんも
よろこんでるよ

ありがとう
お兄ちゃん

ある日

竹子ちゃん、
成年後見制度に
ついて
教えてほしいの

ご近所の
林さん

任せてよ！
なんでも聞いて！

よかった！

お医者さんから
「保佐相当」って
言われたんだけど
どういうこと？

なあにそれ？

知らないの!?

第5章

保佐人や補助人が行うこと

保佐人・補助人のお仕事

　成年後見人の選任から具体的な業務
までここまで確認してきました。では、
成年被後見人よりも本人の症状が軽い
場合に選任される保佐人や補助人はど
のような役割を果たすのでしょうか。
成年後見人と比較しながら、この章で
確認しましょう。

① 保佐人と補助人ってなに？

　法定後見制度には、本人の判断能力に応じて、3つの類型（後見・保佐・補助）があります。 参照 P 26

　成年後見人は日常的に判断能力を欠いている人を支援するために選任されます。しかし、人間の判断能力というものは、「判断能力があるかないか」と2つに分けられるものではなく、その程度もさまざまです。

　保佐や補助の制度は、判断能力を欠いているとまではいえないけれども、不十分な状態にある方を支援するために定められたものです。

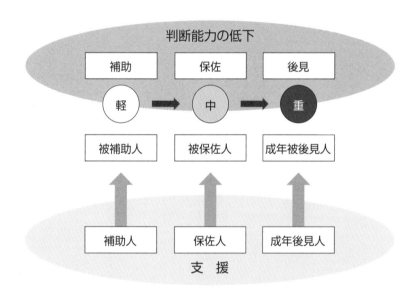

　保佐の状態にある人（被保佐人）を支援する人を「保佐人」、補助の状態にある人（被補助人）を支援する人を「補助人」といいます。

保佐人・補助人と成年後見人

　基本的には成年後見人と同様、本人を法律によって保護し、支援するというのが保佐人や補助人の役割です。本人の残存能力をできるだけ尊重できるよう、保佐は、不動産の売買契約など難しい判断を要求される代表的な法律行為を支援するイメージ、補助は、それらの代表的な法律行為のうち一部だけを支援する、というイメージです。　残存能力 P 27

成年後見人との共通点

　保佐人・補助人は、次のような成年後見人との共通点があります。

> 【成年後見人と保佐人・補助人の共通点】
> ①本人の状態によってその支援の程度は異なり、細かな手続には違いがありますが、基本的な業務の流れと、「財産管理」と「身上監護」の支援を行うという大きな目的は同じです。　P 78
> ②必要に応じて各機関への届出を行うという点も同じです。
> 　届出 P 67
> ③事実行為や身分行為については、支援の対象外である点も同じです。　P 79
> ④保佐人や補助人も、本人（被保佐人・被補助人）の意思を尊重し、かつ、その心身の状態及び生活の状況に配慮しなければならないとされています（**身上配慮義務**）。　P 27
> ⑤申立ての目的となった手続が終わったら、支援者としての業務も終了というわけではなく、原則として本人が死亡するまでその支援が続くという点も、成年後見人と同じです。

　以上を踏まえた上で、実際の保佐人・補助人の業務について成年後見人の業務との相違点を中心に確認していきましょう。

第5章

② 保佐人のお仕事

　判断能力を欠いているとまではいえないが、自己の重要な財産を自ら管理・処分するには援助が必要であるレベルにある者には、申立てによって保佐人が選任されます。家庭裁判所が提出された資料や面談、鑑定などによって判断をすることになりますが、申立ての際に用意する主治医の診断書で、**保佐相当**の箇所にチェックマークが入っているかどうかが、一つの判断基準になります。 申立時の選択 P 37

成年後見人との相違点

　成年後見人との大きな違いは、支援の方法です。就任してから、最初のお仕事 第2章 、日常のお仕事 第3章 、特別なお仕事 第4章 がある中で、後見人は基本的に「代理権」によって本人を支援しますが、保佐人は、本人にある程度の決定権を残し、「同意権」と「代理権」によって本人を支援することになります。

①「同意権」について

　保佐人は、預貯金の払い戻し、金銭の貸し借り、不動産の売買、担保設定など、重要な法律行為（民法第13条１項に定められている事項）について「同意する」権限を持ちます。

　本人が保佐人の同意を得ないでこれらの行為をした場合、保佐人はその行為を「取り消す」ことができるのです。 取消通知書 P 156

　また、上記の重要な法律行為以外の行為についても、申立てによって同意権を付与することができます。具体的には、申立てのときに、「この行為にも保佐人の同意権をつけてください」という**同意行為目録**を作成し、提出します。面談の際、家庭裁判所は本人にも確認をとり、同意権をつけるか判断します。この申立ては、保佐開始の申立てと同時に行うことができます。また、保佐開始の審判の後に行うこともできます。

② 「代理権」について

　当然に代理権が与えられている成年後見人と違い、保佐人には当然に代理権が与えられているわけではありません。

　ただし、本人が同意して家庭裁判所が認めた場合は、特定の法律行為について保佐人に代理権を与えることができます。具体的には、申立てのときに、「この行為については保佐人に代理権をつけてください」という**代理行為目録**を作成し、提出します。家庭裁判所は、本人にも確認をとり、代理権をつけるか判断します。この申立ては、保佐開始の申立てと同時に行うことができます。また、保佐開始の審判の後に行うこともできます。 代理行為目録 P176

👆 ちょっと確認　　保佐人の特徴まとめ

☐　同意権は、最初から一定の行為について与えられている。

☐　申立てにより同意権の範囲を拡張することもできる。

☐　代理権は、申立てをすることにより与えられる。代理権の付与申立ては、保佐の申立てと同時でも後からでもできる。

　　最初から保佐人に同意権が与えられる重要な法律行為の具体例を確認しておきましょう。

　　預貯金の払い戻し、お金を貸す・借金をすること、保証人になること、不動産の売却、不動産の賃貸借契約やその解約、抵当権設定、通信販売や訪問販売等による契約、クレジット契約の締結、訴訟行為、贈与すること、相続の承認・放棄・遺産分割、新築・改築などです。

　　どれも、本人の財産に大きな影響を与える法律行為です。

同意権の行使方法

同意が必要な法律行為については、事前に本人から必要性や意向を確認して、本人の意思を尊重しながら同意をするかどうか判断します。

重要な法律行為については保佐人の同意を得ていなければ取り消されてしまう可能性があるので、例えば、実際に不動産など重要な財産を売買する場合には、保佐人の同意を証する書面の提出（保佐人の記名押印のされたもの）を相手方から求められるケースが一般的でしょう。

取消しするとき P155

■同意書サンプル

●●●● 御中

同　意　書

このたび、被保佐人○○が令和○年○○月○○日付不動産売買契約書に基づく不動産の売却をすることに保佐人として同意します。

令和○年○○月○○日　　　　被保佐人○○○○保佐人△△△△　印

代理権の行使方法

代理権が与えられた行為については、保佐人は成年後見人と同様の権限を持つことになりますが、それによって本人の行為能力が制限されるわけではありません。本人が自分で行うことを切望しているときは、その意思を尊重し、本人に付き添いをする形で代理権を行使するという支援の方法が望ましいでしょう。後見人の業務 第2章〜第4章

保佐人の家庭裁判所への報告

成年後見人と同様、保佐人の業務や管理する財産について家庭裁判所への報告が義務付けられています。成年後見人の業務を参考に報告書を作成しましょう。初回報告 P64　定期報告 P102

3 補助人のお仕事

　自己の財産を自ら管理・処分することについて、やや不安があり、援助が必要なレベルにある者には、申立てによって補助人が選任されます。

　補助人の権限は、保佐人の権限とよく似ていますが、より本人の意思を尊重する形での支援になります。家庭裁判所が提出された資料や面談によって判断をすることになりますが、申立ての際に用意する主治医の診断書で、**補助相当**の箇所にチェックマークが入っているかが、一つの判断基準になります。　申立時の選択　P 37

成年後見人との相違点

　補助開始の審判を申し立てる際には、必ず本人の同意が必要になります。補助開始の審判申立ては、同意権または代理権付与の申立てと同時に行う必要があります。家庭裁判所で認められた同意権や代理権に基づいて、補助人は本人を支援していくことになります。

①「同意権」について

　申立てにより補助人に付与される同意権は、保佐人に最初からついている一定の重要な法律行為の一部に限定されています。　参照　P 170

　補助人の同意が必要な法律行為を定める申立てをした場合は、事前に本人から必要性や意向を確認して、本人の意思を尊重しながら同意をするかどうか判断します。具体的には、申立てのときに、「この行為については補助人に同意権をつけてください」という**同意行為目録**を作成し、提出します。面談の際、家庭裁判所は本人にも確認をとり、同意権をつけるか判断します。　同意行為目録　P 178

②「代理権」について

　当然に代理権が与えられている成年後見人と違い、補助人には当然に

代理権が与えられているわけではありません。本人が同意して家庭裁判所が認めた場合は、特定の法律行為について補助人に代理権を与えることができます。

　具体的には、申立てのときに、「この行為については補助人に代理権をつけてください」という**代理行為目録**を作成し、提出します。家庭裁判所が本人にも確認をとり、代理権をつけるか判断します。

代理行為目録 P 176

保佐人との相違点

　同意権または代理権については補助開始の申立てと同時に少なくともどちらか一方の申立てをする必要があります。両者のうち、補助開始の申立てと同時にしなかったものについては後から申立てを行うこともできます。

ちょっと確認　補助人の特徴まとめ

☐　同意権または代理権付与の申立てを、補助開始の申立てと同時に行う必要がある。

☐　同意権の内容は、保佐人に最初から与えられている所定の同意が必要な法律行為の一部。

☐　代理権は、申立てをすることにより与えられる。

　補助人の同意権の範囲は限定されているので、必要に応じて代理権と上手に組み合わせることで、本人にとってより適切な支援を目指しましょう。

同意権の行使方法

　保佐人が選任されているケースと同様、実際に補助人の同意が必要な法律行為については、補助人の同意を得ていなければ取り消されてしまう可能性があるので、例えば、不動産など重要な財産を売買する場合には、補助人の同意を証する書面の提出（補助人の記名押印のされたもの）を求められるケースが一般的でしょう。　取消し P 155

■同意書サンプル

●●●●　御中

同　意　書

　このたび、被補助人○○が令和○年○○月○○日付不動産売買契約書に基づく不動産の売却をすることに補助人として同意します。

令和○年○○月○○日

被補助人○○○○補助人△△△△　㊞

代理権の行使方法

　代理権が与えられるとそれらの行為については成年後見人と同様の権限を持つことになりますが、それによって本人の行為能力が制限されるわけではありません。本人が自分で行うのを切望しているときは、その意思を尊重し、本人に付き添いをする形で代理権を行使するという支援の方法が望ましいでしょう。　後見人の業務 第2章〜第4章

補助人の家庭裁判所への報告

　後見人と同様、補助人の業務や管理する財産について家庭裁判所への報告が義務付けられています。後見人の業務を参考に、報告書を作成しましょう。　初回報告 P 64　　定期報告 P 102

■代理行為目録サンプル（東京家庭裁判所）

（別紙）　　　　　　　　　　　　　　　　　　　　　　　【令和3年4月版】

【保佐，補助用】

代　理　行　為　目　録

※　下記の行為のうち，必要な代理行為に限り，該当する部分の□にチェック又は必要な事項を記載してください（包括的な代理権の付与は認められません。）。

※　内容は，本人の同意を踏まえた上で，最終的に家庭裁判所が判断します。

1　財産管理関係

（1）不動産関係

□　①　本人の不動産に関する〔□ 売却

契約の締結，更新，変更及び解除

> 本人の残存能力を尊重するため，必要最低限の範囲で代理権があったほうがよいと思われる項目にチェックを入れます。そして，裁判所が本人の同意をとった上で項目を決定します。

□　②　他人の不動産に関する〔□ 購入

解除

□　③　住居等の〔□ 新築　□ 増改築　□ 修繕（樹木の伐採等を含む。）　□ 解体

□ ＿＿＿＿＿＿＿＿〕に関する請負契約の締結，変更及び解除

□　④　本人又は他人の不動産内に存する本人の動産の処分

□　⑤　＿＿＿＿＿＿＿＿＿＿＿＿＿＿＿＿＿＿＿＿＿＿＿＿＿＿＿＿＿＿＿＿＿

（2）預貯金等金融関係

□　①　預貯金及び出資金に関する金融機関等との一切の取引（解約（脱退）及び新規口座

の開設を含む。）

※　一部の口座に限定した代理権の付与

> 金融機関への本人の同行が難しい場合はこの項目にチェックを入れましょう。

□　②　預貯金及び出資金以外の本人と金融機関との取引

〔□ 貸金庫取引　□ 証券取引　□ 保護預かり取引　□ 為替取引　□ 信託取引

□ ＿＿＿＿＿＿＿＿〕

□　③　＿＿＿＿＿＿＿＿＿＿＿＿＿＿＿＿＿＿＿＿＿＿＿＿＿＿＿＿＿＿＿＿＿

（3）保険に関する事項

□　①　保険契約の締結，変更及び解除

□　②　保険金及び賠償金の請求及び受領

（4）その他

□　①　以下の収入の受領及びこれに関する諸手続

〔□ 家賃，地代　□ 年金・障害手当・生活保護その他の社会保障給付

□ 臨時給付金その他の公的給付　□ 配当金　□ ＿＿＿＿＿＿＿＿〕

□　②　以下の支出及びこれに関する諸手続

〔□ 家賃，地代　□ 公共料金　□ 保険料　□ ローンの返済金　□ 管理費等

□ 公租公課　□ ＿＿＿＿＿＿＿＿〕

□　③　情報通信（携帯電話，インターネット等）に関する契約の締結，変更，解除及び費用

の支払

□　④　本人の負担している債務に関する弁済合意及び債務の弁済（そのための調査を含む。）

□　⑤　本人が現に有する債権の回収（そのための調査・交渉を含む。）

□　⑥　＿＿＿＿＿＿＿＿＿＿＿＿＿＿＿＿＿＿＿＿＿＿＿＿＿＿＿＿＿＿＿＿＿

1

2 相続関係

※ 審判手続，調停手続及び訴訟手続が必要な方は，4⑤又は⑥についても検討してください。

- □ ① 相続の承認又は放棄
- □ ② 贈与又は遺贈の受諾
- □ ③ 遺産分割又は単独相続に関する諸手続
- □ ④ 遺留分減殺請求又は遺留分侵害額請求に関する諸手続
- □ ⑤ _____

3 身上保護関係

- □ ① 介護契約その他の福祉サービス契約の締結，変更，解除及び費用の支払並びに還付金等の受領
- □ ② 介護保険，要介護認定，障害支援区分認定，健康保険等の各申請（各種給付金及び還付金の申請を含む。）及びこれらの認定に関する不服申立て
- □ ③ 福祉関係施設への入所に関する契約（有料老人ホームの入居契約等を含む。）の締結，変更，解除及び費用の支払並びに還付金等の受領
- □ ④ 医療契約及び病院への入院に関する契約の締結，変更，解除及び費用の支払並びに還付金等の受領
- □ ⑤ _____

4 その他

- □ ① 税金の申告，納付，更正，還付及びこれらに関する諸手続
- □ ② 登記・登録の申請
- □ ③ 個人番号（マイナンバー）に関する諸手続
- □ ④ 住民票の異動に関する手続
- □ ⑤ 家事審判手続，家事調停手続（家事事件手続法24条2項の特別委任事項を含む。），訴訟手続（民事訴訟法55条2項の特別委任事項を含む。），民事調停手続（非訟事件手続法23条2項の特別委任事項を含む。）及び破産手続（免責手続を含む。）
  ※ 保佐人又は補助人が上記各手続について手続代理人又は訴訟代理人となる資格を有する者であるときに限ります。
- □ ⑥ ⑤の各手続について，手続代理人又は訴訟代理人となる資格を有する者に委任をすること
- □ ⑦ _____

5 関連手続

- □ ① 以上の各事務の処理に必要な費用の支払
- □ ② 以上の各事務に関連する一切の事項（戸籍謄抄本・住民票の交付請求，公的な届出，手続等を含む。）

2

保佐人・補助人のお仕事　177

■同意行為目録サンプル（東京家庭裁判所）

【補助用】

同 意 行 為 目 録
（民法13条1項各号所定の行為）

※　下記の行為（日用品の購入その他日常生活に関する行為を除く。）のうち，必要な同意行為に限り，該当する部分の□にチェックを付してください。

※　保佐の場合には，以下の　　から10までに記載の事項については，一律に同意権・取消権が付与されますので，同意権付与の申立てをする場合であっても本目録の作成は不要です。

※　内容は，本人の同意を踏まえた上で，最終的に家庭裁判所が判断します。

1　元本の領収又は利用（1号）のうち，以下の行為
　　□　(1)　預貯金の払戻し
　　□　(2)　債務弁済の受領
　　□　(3)　金銭の利息付貸付け

> 補助人の同意権付与申立ての場合に必要となる目録です。保佐の場合はこの用紙を出さずとも自動的にこれらの項目については，保佐人に同意権が付けられているので不要です。保佐人の同意権拡張の申立ての場合は，別途同意行為目録を作成し，提出します。

2　借財又は保証（2号）のうち，以下の行為
　　□　(1)　金銭消費貸借契約の締結
　　　　　※　貸付けについては1(3)又は3(7)を検討してください。
　　□　(2)　債務保証契約の締結

3　不動産その他重要な財産に関する権利の得喪を目的とする行為（3号）のうち，以下の行為
　　□　(1)　本人の所有の土地又は建物の売却
　　□　(2)　本人の所有の土地又は建物についての抵当権の設定
　　□　(3)　贈与又は寄附行為
　　□　(4)　商品取引又は証券取引
　　□　(5)　通信販売（インターネット取引を含む。）又は訪問販売による契約の締結
　　□　(6)　クレジット契約の締結
　　□　(7)　金銭の無利息貸付け
　　□　(8)　その他　※　具体的に記載してください。

_____

4　□　訴訟行為（4号）
　　※　相手方の提起した訴え又は上訴に対して応訴するには同意を要しません。

5　□　贈与，和解又は仲裁合意（5号）

1

178

6　□　相続の承認若しくは放棄又は遺産分割　*(6号)*

7　□　贈与の申込みの拒絶，遺贈の放棄，負担付贈与の申込みの承諾又は負担付遺贈の承認　*(7号)*

8　□　新築，改築，増築又は大修繕　*(8号)*

9　□　民法６０２条（短期賃貸借）に定める期間を超える賃貸借　*(9号)*

10　□　前各号に掲げる行為を制限行為能力者（未成年者，成年被後見人，被保佐人及び民法１７条１項の審判を受けた被補助人をいう。）の法定代理人としてすること　*(10号)*

11　□　その他　※　具体的に記載してください。
　　　　※　*民法１３条１項各号所定の行為の一部である必要があります。*

_____

第5章

保佐人や補助人に対しても、本人を支援するために重大な権限が与えられます。したがって、家庭裁判所は、必要があると認めるときは、本人、その親族もしくは保佐人（補助人）の請求によりまたは職権で保佐監督人（補助監督人）を選任することができるとされています。

　保佐監督人や補助監督人は、成年後見監督人と同様、それぞれ保佐人、補助人の職務を監督するのが主な役割です。保佐人・補助人に保佐監督人や補助監督人が選任された場合は、保佐監督人や補助監督人と連絡を取り合い、相談をしながら業務を進めていきましょう。

後見監督人　P115

👆 ちょっと確認　**保佐人・補助人の周知度**

　成年後見制度自体は、ようやく世間的にも浸透しつつあり、金融機関などでも理解してもらえるようになってきています。しかし、成年後見人は知っていても「保佐人」や「補助人」については存在やその役割を知らないという方がまだまだ多く、代理権や同意権などの理解が困難であるため、後見人以上に各種の手続の場面で時間がかかってしまうことが予想されます。実際に手続のために足を運ぶ前に、なるべく電話などで事前に必要書類など打ち合わせを済ませておいたほうがよいでしょう。

　保佐人・補助人の場合も基本的には関係機関への届出が必要です。手続のために金融機関や役所の窓口に行く際は、時間に余裕をもっていくよう心がけておいたほうがよいでしょう。　届出　P67

5 もっと知りたい 保佐人・補助人 Q & A

Q1 保佐人・補助人ってどこまで本人の代理ができるの？

A1 保佐人や補助人は、特定の法律行為についての代理権付与の申立てによってはじめて、代理権が付与されます。また、代理権付与の審判がされるためには、本人の同意が必要です。

本人が同意した特定の法律行為についてのみ、代理することができるのです。

また、代理権を与えても本人の法律行為は制限されません。代理権を与えた行為を本人が行うことも可能です。

Q2 認知症が進んだときはどうしたらいい？

A2 申立ての際には保佐や補助相当で保佐人や補助人が選任されたとしても、その後、時間が経過することによって認知症の症状が悪化してしまう場合もあります。その場合、保佐人や補助人などの申立てによって、成年後見に「移行」することもできます。移行したい場合は、改めて家庭裁判所に申立てを行う必要があります。もう一度、かかりつけの医師に診断書を書いてもらいましょう。

P 36

保佐人・補助人のお仕事 181

保佐人、補助人… 成年後見制度の奥深さを知りました

へえ～

成年後見人について

そんなある日、叔父さん（母の弟）

おじさん、自分の将来が心配でなあ

独身で一人暮らしだろ？

今後もなるべく人に迷惑をかけないようにしたいんだ

そしたら市の相談会で任意後見制度をすすめられたんだよ

ご相談受付

ほお！

竹子ちゃん、この制度でおじさんを助けてくれないかい？

もちろんよ！おじさん！

でも、任意後見制度ってどんな制度？

知らないの!?

エヘヘ

ズルッ

182

第6章

任意後見制度の利用方法

"おひとりさま"の老後

　成年後見制度のもう一つの柱である任意後見制度。法定後見制度とは異なる、任意後見制度特有のメリット・デメリットを理解し、その利用方法を確認しておきましょう。

① 任意後見制度ってなに？

　昨今、「おひとりさま」という言葉をあちこちで見かけるようになってきました。少子化に高齢化、そして人間関係の希薄化という流れの中で、独りで老後を迎えるという方の数は確実に増えてきています。

　今はまだ元気。だけど、急な入院など、自分に万が一のことがあったときに頼れる親族が近くにいない…。こうした漠然とした不安を取り除く方法はあるのでしょうか。

　そのような方のために「任意後見」という制度があります。自らが、元気なうちに、契約で、将来自分の後見人になってくれる方と、あらかじめ（その方に）お願いする内容を決めておく、という点が任意後見制度の特徴であり、法定後見制度との大きな違いです。

　成年後見制度の種類　P 24

👆 **ちょっと確認**　　**任意後見制度の利用に適している方**

　一つでも下記の項目に当てはまるものがある方は、任意後見制度の利用を検討する余地があるといえます。

> ☐　将来のことがなんとなく心配である。漠然とした不安がある。
>
> ☐　近くに頼れる親族がいない。あるいは、親族はいるが迷惑をかけたくないと思っている。
>
> ☐　長期入院のような事態が起こったら、お金の管理や入院手続などを誰かにやってもらいたい。
>
> ☐　自分が認知症等になってしまった場合、頼るあてがない。
>
> ☐　自分の葬儀のこと、お墓のことなども今のうちに決めておきたい。
>
> ☐　将来、自分の後見人になる人を裁判所に決められるのは嫌だ。

任意後見制度の利用方法

任意後見制度の利用方法は、法律で細かく定められています。

大きな柱は、「公正証書での任意後見契約の締結」「任意後見契約内容の登記」「家庭裁判所への任意後見監督人の選任申立て」そして「効力の発生」です。以下、順番に確認していきましょう。

①公正証書での任意後見契約の締結

委任者（本人）が元気なうちに、支援者（任意後見受任者）と支援の内容を定め、公正証書で任意後見契約を締結します。基本的に、支援者になるのに法律的資格は必要ありません。任意後見人には大きな権限が与えられることになりますので、信頼できる方を選びましょう。

②任意後見契約内容の登記

契約が締結されると、公証人の嘱託でその契約内容が法務局で登記されます。登記された内容は、法務局で取得できる後見登記事項証明書で確認ができます。 P45

③家庭裁判所への任意後見監督人の選任申立て

本人の判断能力が衰えたら、家庭裁判所へ、任意後見人の業務を監督する**任意後見監督人**の選任申立てを行います。

④効力発生

家庭裁判所から任意後見監督人が選任されたら、任意後見監督人の監督のもと、本人に対しての任意後見人の支援が開始することになります。

第6章

任意後見制度の効果的な利用方法

任意後見契約は、判断能力が低下した場合に備えて、将来の支援者とその支援の内容を定めた契約です。しかし、この任意後見契約のみを締結するだけでは、本人の判断能力が低下してもその発見が遅れてしまう可能性があります。また、あくまで判断能力が低下することに備えた制度なので、「判断能力は十分だけど身体が不自由になってしまった」という場合などには対応できません。

そこで、任意後見制度を補充する役割を持つ契約や、遺言なども組み合わせて活用することで、より安心な、そして希望に沿った老後を迎えられるようになるのです。

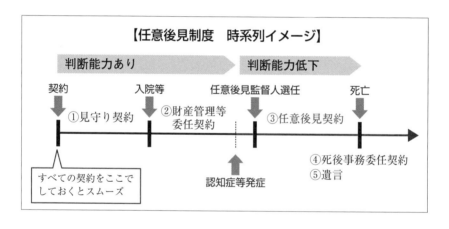

【任意後見制度　時系列イメージ】

判断能力あり　　判断能力低下

契約　　入院等　　任意後見監督人選任　　死亡

①見守り契約　②財産管理等委任契約　③任意後見契約

すべての契約をここでしておくとスムーズ

認知症等発症

④死後事務委任契約
⑤遺言

判断能力が低下しないまま死亡した場合、任意後見契約の効力は発生しませんが、契約を締結することで保険のような安心感を得ることができます。

それぞれの契約の内容

　任意後見契約とそれを補充する役割のある契約。それぞれの契約について確認しておきましょう。

①見守り契約

　定期的な訪問や電話連絡などで、本人の様子を継続して見守っていくというような内容の契約です。いつ、本人の判断能力が衰えたかを知るために重要な契約となります。

②財産管理等委任契約（任意代理契約）

　金融機関とのやりとりなど、財産管理に関する特定の法律行為を委任する内容の契約です。委任契約なので委任事項は自由に定めることができます。寝たきりなど、身体が不自由で自ら財産管理ができない方に有効な契約になります。契約と同時に効力を発生させる場合と、身体が不自由になった場合に、本人の意思により効力を発生させる場合があります。任意後見契約と併せて公正証書で作成するのが望ましいでしょう。

③任意後見契約　　任意後見契約書サンプル P190

　メインとなる契約です。必ず公正証書で締結する必要があります。判断能力が低下したら、任意後見監督人選任の申立てを行い、任意後見監督人が選任されることによって任意後見契約の効力が生じます。

④死後事務委任契約

　死亡後、葬儀や納骨、埋葬、未払債務の支払いなどを委任する契約です。死後の処理を頼める身内がいない方などに有効な契約です。

⑤遺言

　遺産の分配方法の指定など、死亡によって法律的な効果を生じさせる最終の意思表示のことをいいます。法律で定められた様式で作成する必要があり、自筆証書遺言や公正証書遺言などの方法があります。

第6章

契約の組み合わせによる任意後見制度の種類

　任意後見制度は、各契約の組み合わせ方により、「将来型」「移行型」に分かれるとされています。

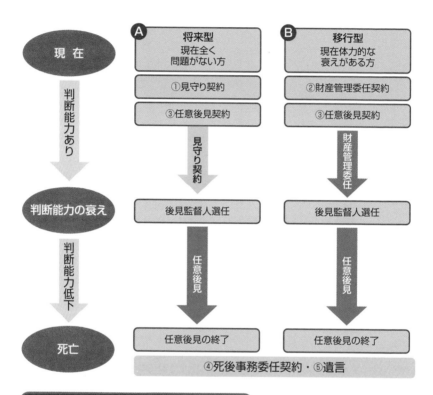

組み合わせの一例（数字は前ページ参照）

【将来型プラン】　①（＋②）＋③（＋④＋⑤）
今はまだ元気。将来判断能力が低下してからの支援がほしい。

【移行型プラン】　（①＋）②＋③（＋④＋⑤）
すでに困っている。判断能力が低下する前からの支援がほしい。

任意後見制度の利用にかかる主な費用を確認しましょう

任意後見においては、原則として任意後見契約締結時と効力発生後の2段階で費用がかかります。なお、任意後見人に対する報酬は、契約において自由に定めることができますが、任意後見監督人の報酬に関しては、家庭裁判所が定めることになります。

【任意後見契約締結時】

☐ 公証役場の手数料　　　　　　　　　　　　　　11,000円

☐ 法務局に納める印紙代　　　　　　　　　　　　2,600円

☐ 法務局への登記嘱託料　　　　　　　　　　　　1,400円

☐ 郵送費　　　　　　　　　　　　　　　　　　約540円

☐ 正本・謄本の作成手数料　　　　　　　1枚250円×枚数

※③の任意後見契約以外の契約も公正証書で作成する場合はその契約の作成費用（1契約につき11,000円）もかかります。

【効力発生時及び効力発生後】

☐ 任意後見監督人の選任申立て費用。収入印紙800円＋1,400円、郵送費3,280円（東京家庭裁判所）。

☐ 任意後見契約で定めた、任意後見人に対する報酬（任意後見契約の効力を発生させた場合。無償でも可。）

☐ 任意後見監督人の報酬（家庭裁判所が決定。）

【オプション】

☐ 見守り契約・財産管理等委任契約・死後事務委任契約で決めた報酬（お互いが合意した金額。無償でも可。）

☐ 遺言執行者を定めた場合はその報酬（無償でも可。）

第6章

任意後見契約公正証書

　本公証人は、委任者○○○○（以下「甲」という。）及び受任者○○○○（以下「乙」という。）の嘱託により、次の法律行為に関する陳述の趣旨を録取し、この公正証書を作成する。

第1条（契約の趣旨）

　甲は、乙に対し、平成○○年○月○日、任意後見契約に関する法律に基づき、精神上の障害により事理を弁識する能力が不十分な状況における甲の生活、療養看護及び財産の管理に関する事務（以下「後見事務」という。）を委任し、乙は、これを受任する（以下「本契約」という。）。

第2条（契約の発効時期等）

1　本契約は、任意後見監督人が選任された時からその効力を生ずる。

2　本契約締結後、甲が精神上の障害により事理を弁識する能力が不十分な状況になったときは、乙は、速やかに、家庭裁判所に対し、任意後見監督人の選任の請求をしなければならない。

3　本契約の効力発生後における甲と乙との間の法律関係については、任意後見契約に関する法律及び本契約に定めるもののほか、民法の規定に従う。

第3条（後見事務の範囲）

　甲は、乙に対し、別紙「代理権目録（任意後見契約）」記載の後見事務（以下「本件後見事務」という。）を委任し、その事務処理のための代理権を付与する。

第4条（身上配慮の責務）

　乙は、本件後見事務を処理するに当たっては、甲の意思を尊重し、かつ、甲の身上に配慮するものとし、その事務処理のため、適宜甲と面接し、ヘルパーその他日常生活援助者から甲の生活状況につき報告を求め、主治医その他医療関係者から甲の心身の状態につき説明を受けることなどにより、甲の生活状況及び健康状態の把握に努めるものとする。

第5条（証書等の保管等）

1　乙は、甲から本件後見事務処理のために必要な次の証書等及びこれらに準ずるものの引渡しを受けたときは、甲に対し、その明細及び保管方法を記載した預り証を交付する。

　①登記済権利証・登記識別情報、②実印・銀行印、③印鑑登録カード、住民基本台帳カード、個人番号（マイナンバー）カード・個人番号（マイナンバー）通知カード、④預貯金通帳、⑤キャッシュカード、⑥有価証券・その預り証、⑦年金関係書類、⑧健康保険証、介護保険証、⑨土地・建物賃貸借契約書等の重要な契約書類

2　乙は、本契約の効力発生後、甲以外の者が前項記載の証書等を占有所持しているときは、その者からこれらの証書等の引渡しを受けて、自らこれを保管することができる。

3　乙は、本件後見事務を処理するために必要な範囲で前記の証書等を使用するほか、甲宛の郵便物その他の通信を受領し、本件後見事務に関連すると思われるものを開封することができる。

第6条（費用の負担）

　乙が本件後見事務を処理するために必要な費用は、甲の負担とし、乙は、その管理する甲の財産からこれを支出することができる。

第7条（報酬）

〔報酬額の定めがある場合〕

1　甲は、本契約の効力発生後、乙に対し、本件後見事務処理に対する報酬として、1か月当たり金〇〇円を当月末日限り支払うものとし、乙は、その管理する甲の財産からその支払を受けることができる。

2　前項の報酬額が次の事由により不相当となった場合には、甲及び乙は、任意後見監督人と協議の上、これを変更することができる。

⑴　甲の生活状況又は健康状態の変化

⑵　経済情勢の変動

⑶　その他現行報酬額を不相当とする特段の事情の発生

3　前項の場合において、甲がその意思を表示することができない状況にあるときは、乙は、甲を代表する任意後見監督人との間の合意によりこれを変更することができる。

4　前二項の変更契約は、公正証書によってしなければならない。

5　後見事務処理が、不動産の売却処分、訴訟行為、その他通常の財産管理事務の範囲を超えた場合には、甲は、乙に対し、毎月の報酬とは別に報酬を支払う。この場合の報酬額は、甲と乙が任意後見監督人と協議の上これを定める。甲がその意思を表示することができないときは、乙は、甲を代表する任意後見監督人との間の合意によりこれを変更することができる。この報酬支払契約は、公正証書によってしなければならない。

〔無報酬の場合〕

1　乙の本件後見事務処理は、無報酬とする。

2　本件後見事務処理を無報酬とすることが、次の事由により不相当となった場合には、甲及び乙は、任意後見監督人と協議の上、報酬を定め、また、定めた報酬を変更することができる。

⑴　甲の生活状況又は健康状態の変化

⑵　経済情勢の変動

⑶　その他本件後見事務処理を無報酬とすることを不相当とする特段の事情の発生

3　前項の場合において、甲がその意思を表示することができない状況にあるときは、乙は、甲を代表する後見監督人との合意により報酬を定め、また、定めた報酬を変更することができる。

4　前二項の報酬支払契約又は変更契約は、公正証書によってしなければならない。

5　（報酬額の定めがある場合の第5項に同じ）

第8条（報告）

1　乙は、任意後見監督人に対し、3か月ごとに、本件後見事務に関する次の事項について書面で報告する。

(1)　乙の管理する甲の財産の管理状況

(2)　甲を代理して取得した財産の内容、取得の時期・理由・相手方及び甲を代理して処分した財産の内容、処分の時期・理由・相手方

(3)　甲を代理して受領した金銭及び支払った金銭の状況

(4)　甲の生活、療養看護につき行った措置

(5)　費用の支出及び支出した時期・理由・相手方

(6)　（報酬の定めがある場合）報酬の収受

2　乙は、任意後見監督人の請求があるときは、いつでも速やかにその求められた事項につき報告する。

第9条（契約の解除）

1　甲又は乙は、任意後見監督人が選任されるまでの間は、いつでも公証人の認証を受けた書面によって、本契約を解除することができる。

2　甲又は乙は、任意後見監督人が選任された後は、正当な事由がある場合に限り、家庭裁判所の許可を得て、本契約を解除することができる。

第10条（契約の終了）

1　本契約は、次の場合に終了する。

(1)　甲又は乙が死亡し、又は破産手続開始決定を受けたとき。

(2)　乙が後見開始の審判を受けたとき。

(3)　乙が任意後見人を解任されたとき。

(4)　甲が任意後見監督人選任後に法定後見（後見・保佐・補助）開始の審判を受けたとき。

(5)　本契約が解除されたとき。

2　任意後見監督人が選任された後に前項各号の事由が生じた場合、甲又は乙は、速やかにその旨を任意後見監督人に通知するものとする。

3　任意後見監督人が選任された後に第1項各号の事由が生じた場合、甲又は乙は、速やかに任意後見契約終了の登記を申請しなければならない。

〔後記「代理権目録（任意後見契約）」を別紙として添付する。〕

※出典:日本公証人連合会編著『新版　証書の作成と文例　家事関係編〔改訂版〕』(立花書房発行)

代 理 権 目 録

A　財産の管理・保存・処分等に関する事項
　　A1□　甲に帰属する別紙「財産目録」記載の財産及び本契約締結後に甲に帰
　　　　　　属する財産（預貯金［B1・B2］を除く。）並びにその果実の管理・
　　　　　　保存
　　A2□　上記の財産（増加財産を含む。）及びその果実の処分・変更
　　　　　　□売却
　　　　　　□賃貸借契約の締結・変更・解除
　　　　　　□担保権の設定契約の締結・変更・解除
　　　　　　□その他（別紙「財産の管理・保存・処分等目録」記載のとおり）

B　金融機関との取引に関する事項
　　B1□　甲に帰属する別紙「預貯金等目録」記載の預貯金に関する取引（預貯
　　　　　　金の管理、振込依頼・払戻し、口座の変更・解約等。以下同じ。）
　　B2□　預貯金口座の開設及び当該預貯金に関する取引
　　B3□　貸金庫取引
　　B4□　保護預り取引
　　B5□　金融機関とのその他の取引
　　　　　　□当座勘定取引　□融資取引　□保証取引　□担保提供取引
　　　　　　□証券取引　［国債、公共債、金融債、社債、投資信託等］
　　　　　　□為替取引
　　　　　　□信託取引（予定（予想）配当率を付した金銭信託（貸付信託を含む）。）
　　　　　　□その他（別紙「金融機関との取引目録」記載のとおり）
　　B6□　金融機関とのすべての取引

C　定期的な収入の受領及び費用の支払に関する事項
　　C1□　定期的な収入の受領及びこれに関する諸手続
　　　　　　□家賃・地代
　　　　　　□年金・障害手当金その他の社会保障給付
　　　　　　□その他（別紙「定期的な収入の受領等目録」記載のとおり）
　　C2□　定期的な支出を要する費用の支払及びこれに関する諸手続
　　　　　　□家賃・地代　□公共料金　□保険料　□ローンの返済金
　　　　　　□その他（別紙「定期的な支出を要する費用の支払等目録」記載のとおり）

第6章

D　生活に必要な送金及び物品の購入等に関する事項
　　D1□　生活費の送金
　　D2□　日用品の購入その他日常生活に関する取引
　　D3□　日用品以外の生活に必要な機器・物品の購入

E　相続に関する事項
　　E1□　遺産分割又は相続の承認・放棄
　　E2□　贈与若しくは遺贈の拒絶又は負担付の贈与若しくは遺贈の受諾
　　E3□　寄与分を定める申立て
　　E4□　遺留分侵害額の請求

F　保険に関する事項
　　F1□　保険契約の締結・変更・解除
　　F2□　保険金の受領

G　証書等の保管及び各種の手続に関する事項
　　G1□　次に掲げるものその他これらに準ずるものの保管及び事項処理に必要
　　　　　な範囲内の使用
　　　　　□登記済権利証　□実印・銀行印・印鑑登録カード
　　　　　□その他（別紙「証書等の保管等目録」記載のとおり）
　　G2□　株券等の保護預り取引に関する事項
　　G3□　登記の申請
　　G4□　供託の申請
　　G5□　住民票、戸籍謄抄本、登記事項証明書その他の行政機関の発行する証
　　　　　明書の請求
　　G6□　税金の申告・納付

H　介護契約その他の福祉サービス利用契約等に関する事項
　　H1□　介護契約（介護保険制度における介護サービスの利用契約、ヘルパー・
　　　　　家事援助者等の派遣契約等を含む。）の締結・変更・解除及び費用の支
　　　　　払
　　H2□　要介護認定の申請及び認定に関する承認又は審査請求
　　H3□　介護契約以外の福祉サービスの利用契約の締結・変更・解除及び費用
　　　　　の支払
　　H4□　福祉関係施設への入所に関する契約（有料老人ホームの入居契約等を
　　　　　含む。）の締結・変更・解除及び費用の支払
　　H5□　福祉関係の措置（施設入所措置等を含む。）の申請及び決定に関する

審査請求

I　住居に関する事項
　I１□　居住用不動産の購入
　I２□　居住用不動産の処分
　I３□　借地契約の締結・変更・解除
　I４□　借家契約の締結・変更・解除
　I５□　住居等の新築・増改築・修繕に関する請負契約の締結・変更・解除

J　医療に関する事項
　J１□　医療契約の締結・変更・解除及び費用の支払
　J２□　病院への入院に関する契約の締結・変更・解除及び費用の支払

K　A〜J以外のその他の事項（別紙「その他の委任事項目録」記載のとおり）

L　以上の各事項に関して生ずる紛争の処理に関する事項
　L１□　裁判外の和解（示談）
　L２□　仲裁契約
　L３□　行政機関等に対する不服申立て及びその手続の追行
　L４・１　任意後見受任者が弁護士である場合における次の事項
　L４・１・１□　訴訟行為（訴訟の提起、調停若しくは保全処分の申立て又は
　　　　　　　これらの手続の追行、応訴等）
　L４・１・２□　民事訴訟法第５５条第２項の特別授権事項（反訴の提起、訴
　　　　　　　えの取下げ・裁判上の和解・請求の放棄・認諾・控訴・上告、
　　　　　　　復代理人の選任等）
　L４・２□　任意後見受任者が弁護士に対して訴訟行為及び民事訴訟法第５５
　　　　条第２項の特別授権事項について授権をすること
　L５□　紛争の処理に関するその他の事項（別紙「紛争の処理等目録」記載の
　　　　とおり）

M　復代理人・事務代行者に関する事項
　M１□　復代理人の選任
　M２□　事務代行者の指定

N　以上の各事務に関連する事項
　N１□以上の各事項の処理に必要な費用の支払
　N２□以上の各事項に関連する一切の事項

注　1　本号様式を用いない場合には、すべて附録第2号様式によること。
　　　2　任意後見人が代理権を行うべき事務の事項の□にレ点を付すること。
　　　3　上記の各事項（訴訟行為に関する事項［L4・1］を除く。）の全部又は一部について、数人の任意後見人が共同して代理権を行使すべき旨の特約が付されているときは、その旨を別紙「代理権の共同行使の特約目録」に記載して添付すること。
　　　4　上記の各事項（訴訟行為に関する事項［L4・1］を除く。）の全部又は一部について、本人又は第三者の同意（承認）を要する旨の特約が付されているときは、その旨を別紙「同意（承認）を要する旨の特別目録」に記載して添付すること。（第三者の同意（承認）を要する旨の特約の場合には、当該第三者の氏名及び住所（法人の場合には、名称又は商号及び主たる事務所又は本店）を明記すること。）。
　　　5　別紙に委任事項・特約事項を記載するときは、本目録の記号で特定せずに、全文を表記すること。

※出典：日本公証人連合会編著『新版　証書の作成と文例　家事関係編〔改訂版〕』（立花書房発行）

👆 ちょっと確認　**エンディングノートとは？**

　エンディングノートとは、自分が認知症や重大な病気になってしまった場合などに備えて、自分自身のことや財産に関することなどについて、知らせておきたいこと（財産状況や重要書類の保管場所、緊急連絡先など）や希望すること（老後や葬儀に関することなど）を書き記したノートのことです。特に決まった様式はありませんので、遺言だけでは伝えきれないことや知らせておきたいことを自由に書き残すことができます。書店などで穴埋め式のエンディングノートが市販されていますので、それを購入して利用してみてもよいでしょう。遺言と組み合わせて活用すると効果的です。

任意後見監督人選任申立書

任意後見契約締結後、本人の判断能力が低下した場合に、本人、配偶者、4親等内の親族または任意後見受任者が、任意後見監督人選任の申立てを行います。

■**任意後見監督人選任申立書サンプル**（東京家庭裁判所）

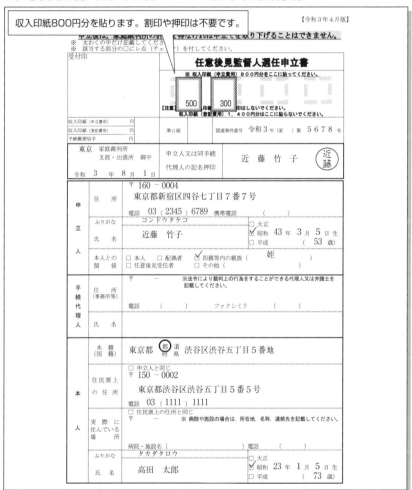

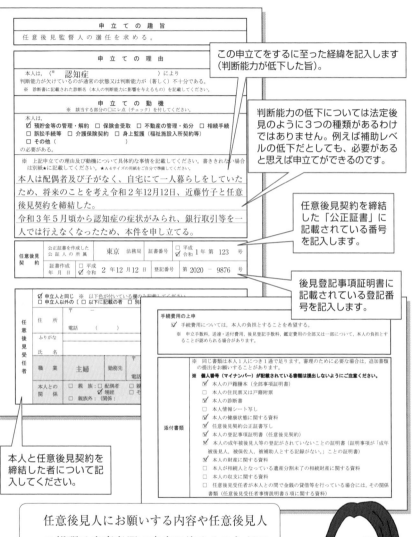

任意後見人にお願いする内容や任意後見人への報酬は当事者間で自由に決めることができます。信頼できる者を慎重に選任することが、より求められるといえます。

❷ もっと知りたい 任意後見 **Q** & **A**

Q1 任意後見契約だけでは足りないの？

A1 任意後見契約は、いざ判断能力が低下したときのためにあらかじめ結んでおくものです。しかし、例えば一人暮らしの高齢者の場合、誰がその人の判断能力低下に気づくのか、という問題があります。

そこで重要な役割を果たすのが見守り契約です。任意後見受任者などと契約を結んでおき、その者が定期的な訪問や電話連絡をすることによって、本人の状況を継続的にチェックしていきます。

自分に必要な契約内容をしっかりと理解し、置かれている状況なども考慮して、組み合わせて利用するとよいでしょう。

例えば、体が不自由な場合は見守り契約と財産管理等委任契約を活用、死亡後の財産の振り分けやお墓のことも決めておきたいのであれば遺言や死後事務委任契約も併せて活用、といった具合です。

Q2 判断能力が低下したら法定後見になるということですか？

A2 任意後見契約を締結した場合、判断能力が低下したら自動的に法定後見に移行するというわけではありません。あくまでも、「任意後見契約の効力が発生する」ということになります。あらかじめ契約で決めておいた事項について、任意後見監督人による監督のもと、任意後見人が代理人として本人の代わりに必要な手続を行っていきます。

第6章

"おひとりさま"の老後　**199**

Q3 任意後見契約を結んだけれど、気が変わりました。
契約を自由に取り消すことはできますか？

A3 法定後見と違い、任意後見は契約なので、契約の解除によって終了します。

　契約締結後どの段階にあるのかによって、解除の方法が異なります。当事者の真意を確認するため、また、本人の保護が不十分になってしまうのを防ぐため、次のように解除の方法が定められています。

①任意後見監督人の選任前

　本人または任意後見受任者は、いつでも、**公証人の認証**を受けた書面によって、解除することができます。

②任意後見監督人の選任後

　本人または任意後見受任者は、**正当な事由**がある場合に限り、**家庭裁判所の許可**を得て、解除することができます。

Q4 任意後見監督人とは？
任意後見監督人は自分で選ぶことができるの？

A4 任意後見監督人とは、本人の判断能力が低下し、任意後見契約の効力を発生させたいときに、任意後見受任者等の申立てによって家庭裁判所が選ぶ者のことです。

　任意後見人は本人に代わってさまざまなことを行うことができるという大きな権限を持ちます。任意後見監督人は、そんな任意後見人が好き勝手なことをしないように監督する役割があり、家庭裁判所が選任することになります。なお、任意後見監督人に支払う報酬も一般的には発生することになりますが、この報酬は家庭裁判所が決めます。法人が任意後見監督人に選任されるケースや、複数の任意後見監督人が選ばれるケースもあります。

Q5 詐欺被害にあったら任意後見人がそれらの契約を取り消すことはできるの？

A5 任意後見人はそれらの契約を取り消すことはできません。

法定後見人の場合、原則として本人の法律行為を取り消すことができます。しかし、任意後見人には取消権がありません。この点が法定後見人との大きな違いです。 取り消し P155

☝ ちょっと確認　**任意後見人と取消権**

任意後見人には、成年後見人とは違い、本人の行為を取り消すことができるという権利がありません。

では取消権のある法定後見に切り替えたほうがいい状況になってしまった場合はどうすればよいのでしょうか。

家庭裁判所は、本人の利益のために特に必要があると認められるときに限り、法定後見の開始審判をすることができます。

なお、任意後見監督人が選任された後（任意後見の効力発生後）、本人が、後見開始、保佐開始または補助開始の審判を受けたときは、任意後見契約は終了します。権限の抵触を避けるためです。

任意後見人は本人のために法定後見の申立てを行うことができます。ただし、申立費用は申立人である任意後見人の負担が原則なので、注意が必要です。任意後見契約の中で、法定後見申立てを行う際の報酬を定めておくなど、必要に応じて検討しましょう。

第6章

Story そして、市民後見人に

私と叔父さんは、任意後見契約を結びました

公証人

ありがとう！これで安心だよ

私も責任感とやりがいを感じます！

そんなとき

ん？市民後見人養成講座？

それは、一般の市民による成年後見人制度「市民後見人」を学ぶ講座のチラシでした

市民後見人を
学んでみませんか？

地域の人々の役に立てる！

私は講座を受けることにしました

これまでの経験を生かして立派な市民後見人を目指します！

202

コラム 市民後見人ってなに？

市民後見人ってなに？

　一般市民による成年後見人のことを市民後見人といいます。認知症や知的障がいなどで判断能力が不十分になった方に親族がいない場合などに、同じ地域に住む市民が、家庭裁判所から成年後見人として選任されます。

　市区町村等の各地方自治体が、厚生労働省が示す「市民後見人養成のための基本カリキュラム」に沿って市民後見人養成講座を行っています。（実施の有無・時期等については各地方自治体によって異なりますので、お問い合わせください。）

市民後見人になるには？

　市民後見人になるには、各市区町村が、地域の社会福祉協議会やNPO法人に委託して開く市民後見人養成講座を受講します。受講料は無料あるいは低額で、受講に際して特別な資格は不要ですが、市区町村によっては「年齢は○歳以上○歳未満」など独自の基準を設けている場合があります。

　講座の内容は、10数時間から100時間超までと、各市区町村によって異なります。講義では民法や相続、福祉などについて学びます。成年後見人に選任されると計算書や財産目録を家庭裁判所に提出することになるため、実習ではそれらの書類作成も経験します。修了後に登録すると市区町村が家庭裁判所に成年後見人として推薦する対象となり、選任されれば市民後見人になります。なお、市民後見人の報酬は無償か低額であることが一般的です。

用語索引

巻末資料

205

■裁判所　　https://www.courts.go.jp/

　管轄の裁判所一覧や裁判所に提出する書類のひな型など、裁判所に関するさまざまな情報が確認できます。

■東京家庭裁判所後見サイト
https://www.courts.go.jp/tokyo-f/saiban/kokensite/

　成年後見人等選任申立てや、選任後の各種手続に関する書類のひな型や申立方法が確認できます。

■法務局　　http://houmukyoku.moj.go.jp/

　管轄の法務局一覧や登記事項証明書の取得方法、最新情報など、登記に関するさまざまな情報が確認できます。

■日本公証人連合会　　https://www.koshonin.gr.jp/

　公証役場所在地一覧や任意後見契約に関することなど、公証役場に関するさまざまな情報が確認できます。

■社会福祉法人 全国社会福祉協議会　　https://www.shakyo.or.jp/

　福祉制度や助成制度、最新情報など、福祉に関するさまざまな情報が確認できます。

■公益社団法人 成年後見センター・リーガルサポート
https://www.legal-support.or.jp/

　成年後見制度の仕組みなど、成年後見制度に関する情報を確認できます。リーガルサポート会員の検索機能もあります。

著者紹介　PROFILE

＊児島 明日美（こじま あすみ）

　司法書士。東京司法書士会所属。簡裁訴訟代理等関係業務認定取得。公益社団法人成年後見センター・リーガルサポート東京支部所属。2010年に独立開業。相続・遺言・成年後見等業務を中心に「老活」サポートに力を入れている。

　著書に「自分でできる相続登記」（自由国民社）、共著に「身近な人が亡くなった後の手続のすべて」（自由国民社）、「はじめての相続・贈与の生前対策」（清文社）、監修書に「自分でできる不動産登記」（自由国民社）がある。

●司法書士 児島明日美事務所　http://www.asumi-office.com/

＊村山 澄江（むらやま すみえ）

　司法書士。東京司法書士会所属。簡裁訴訟代理等関係業務認定取得。公益社団法人成年後見センター・リーガルサポート東京支部所属。2003年司法書士試験合格。2010年に独立開業。成年後見の相談件数は1,300件を超える。約40名の成年後見人等（保佐人・補助人・各監督人・任意後見人含む）に就任。

　地方自治体、介護施設、不動産会社などで、成年後見をテーマに一般の方、専門家向けの講義を多数行っている。

●司法書士 村山澄江事務所　http://www.sumi-smile.com/

執筆協力：児島　充（司法書士）

神奈川県司法書士会所属。簡裁訴訟代理等関係業務認定取得。中央大学卒業。

●K＆S司法書士事務所　https://ks-legal.com/
　　　　　神奈川県川崎市川崎区宮前町8-18　井口ビル 1 階　☎044-222-3210

介護施設部分の執筆協力：
髙橋佳子（ケアポット株式会社代表取締役、介護離職防止コンサルタント）
永井玲子（株式会社Caihome代表取締役、介護福祉士）

今日から成年後見人になりました

2013年11月29日	初版　第1刷発行
2021年8月23日	第2版　第1刷発行

著　　　者	児島　明日美 村山　澄江
発　行　者	石井　悟
印　刷　所	大日本印刷株式会社
製　本　所	新風製本株式会社
マンガ・イラスト	あべ　かよこ

（巻頭グラフ、Story、著者似顔絵、カバー）

本文DTP・装丁	有限会社 中央制作社
発　行　所	株式会社 自由国民社

〒171-0033　東京都豊島区高田3-10-11
営業部　TEL03-6233-0781　FAX03-6233-0780
編集部　TEL03-6233-0786　URL https://www.jiyu.co.jp/